Für Karin und Luise

Impressum:

Verlag: Books on Demand GmbH, Norderstedt

Herstellung: Books on Demand GmbH, Norderstedt

Die Deutsche Nationalbibliothek verzeichnet diese Publikation in der Deutschen Nationalbibliografie; detaillierte bibliografische Angaben sind im Internet über http://dnb.d-nb.de abrufbar.

ISBN: 978-3-8448-0034-0

Vorwort

Joomla ist in aller Munde! Seit einigen Jahren beschäftige ich mich mit dieser Software und bin heute noch genauso begeistert wie am ersten Tag. Joomla ist in seiner Anwendung fantastisch einfach und tatsächlich für jeden zu beherrschen, der ein wenig Erfahrungen im Umgang mit Textverarbeitungsprogrammen und dem Internet hat. Und besonders positiv: Man braucht keine Programmierkenntnisse, was sicherlich mit für den überwältigenden Erfolg von Joomla verantwortlich ist. Programmierkenntnisse helfen natürlich und eröffnen weitere Möglichkeiten, aber auch ohne solche Fähigkeiten können Sie mit Joomla professionelle und erfolgreiche Webseiten erstellen. Nur leider ist der Einstieg nicht so ganz einfach, denn gerade Nutzer ohne technische PC-, Server und Internetkenntnisse tun sich mitunter schwer, obwohl sie doch eine bedeutende Anwendergruppe von Joomla sind. Dem kann abgeholfen werden mit einem der auf dem Markt erhältlichen Fachbücher, von denen es bereits viele empfehlenswerte gibt und die Joomla bis ins Letzte durchleuchten. Aber gerade für den Anfänger ist das nicht unbedingt das Richtige, denn oft werden (für IT-Kenner) einfache Zusammenhänge für Neulinge wenig verständlich abgearbeitet oder vorausgesetzt. Und auch preislich bewegen sich diese Werke meist zwischen 30 und 40 Euro, was ein Batzen Geld ist, wenn man eigentlich nur eine kleine Einführung möchte, um danach zu entscheiden: Ist Joomla überhaupt etwas für mich?

Diese Lücke möchte ich mit „Joomla 2.5 logisch!“ schließen und Ihnen Joomla verständlich und logisch erklären und Ihnen alles zeigen, was Sie für Ihre weitere Arbeit mit Joomla brauchen.

Besonderen Wert habe ich auf die Erläuterung des Konzeptes von Joomla gelegt. Wie funktioniert Joomla allgemein? Wie entsteht eine Webseite mit Joomla? Wie entsteht der Quellcode einer Joomla-Webseite? Denn die Erfahrung zeigt, dass viele Nutzer am Anfang verwirrt sind, weil genau diese konzeptionellen Erläuterungen in vielen umfangreichen Fachbüchern fehlen und der Nutzer damit auf Joomla losgelassen wird, ohne die Basis des Programms zu verstehen.

Weiterhin finden Sie ganz bewusst keine Hinweise auf Anpassung des Joomla-Codes (html, PHP oder CSS), denn dieses Buch ist ausdrücklich für Nutzer ohne solche Kenntnisse und Ansprüche geschrieben.

Die Struktur des Buches ist in mehr oder weniger linear aufeinander aufbauende Kapitel gegliedert. D.h. am Anfang erfahren Sie etwas über Hintergründe, fahren dann mit der Installation fort und lernen dann Joomla Schritt für Schritt kennen. Damit alles reibungslos funktioniert, sollten Sie das Buch daher von vorne beginnend lesen und durcharbeiten. Idealerweise setzten Sie sich dazu an den PC und vollziehen alle Schritte und Übungen während des Lesens nach.

Wenn Sie schließlich am Ende des Buches angekommen sind, dann haben Sie viele relevante Arbeitsschritte durchgeführt, die Sie brauchen werden, wenn Sie eine eigene Joomla-Webseite aufbauen wollen. Beginnen Sie dann mit einer neuen Installation von Joomla und starten Sie in Ihre erste eigene Webpräsenz mit Joomla!

Ich hoffe, das Buch erfüllt Ihre Erwartungen!

Wenn Sie ganz durch sind, finden Sie übrigens am Schluss ein „Joomla-Webseiten-Rezept“ in Form einer Checkliste, sie Sie abarbeiten können, wenn Sie schließlich Ihre erste, eigene Webseite produzieren wollen.

Bewerten Sie dieses Buch!

Ich würde mich sehr freuen, wenn Sie mir und anderen Interessenten Ihre Meinung mitteilen und dieses Buch z.B. bei Amazon bewerten. So kann ich kommende Ausgaben verbessern und an Ihre Wünsche als Leser anpassen und Sie helfen anderen Joomla-Neulingen bei der Entscheidung, ob dieses Buch etwas für sie ist, oder nicht. Übrigens freue ich mich auch über einen Besuch auf: http://www.joomla-lernen.de und vielleicht finden Sie dort auch nützliche Informationen oder Abhilfe für auftretende Schwierigkeiten.

Dr. Daniel Schmitz — Heidelberg, Februar 2012

FSC
www.fsc.org
MIX
Papier aus verantwortungsvollen Quellen
Paper from responsible sources
FSC® C105338

Inhaltsverzeichnis

1. Über Joomla!

Was bedeutet dieses Wort eigentlich, und vor allem: Wie zum Teufel spricht man es aus? Die Bedeutung kommt von dem Wort „jumla" aus dem Swahili und bedeutet so viel wie „alle zusammen". Joomla! ist die entsprechend verenglischte Schreibweise dieses Wortes und wenn Sie es „dschuumla" aussprechen, dann liegen Sie richtig. Allerdings sind mir im deutschen Sprachraum auch schon einige untergekommen, die lieber ganz deutsch „iohmla" sagen. Hauptsache, wir meinen alle das gleiche.

In der offiziellen Schreibweise steht hinter „Joomla" auch immer noch ein „!", aber dieses möchte ich mir für den weiteren Teil des Buches aus praktischen Gründen sparen.

1.1. Geschichte

Wir haben es alle in der Schule gehasst – oder jedenfalls die meisten. Aber auch bei Joomla ist es sinnvoll, ein paar Fakten über die Entwicklung des Programms bis zum heutigen Tage zu kennen. Aber keine Angst! Joomla gibt es noch nicht mal 10 Jahre, also müssen Sie nicht viel über sich ergehen lassen.

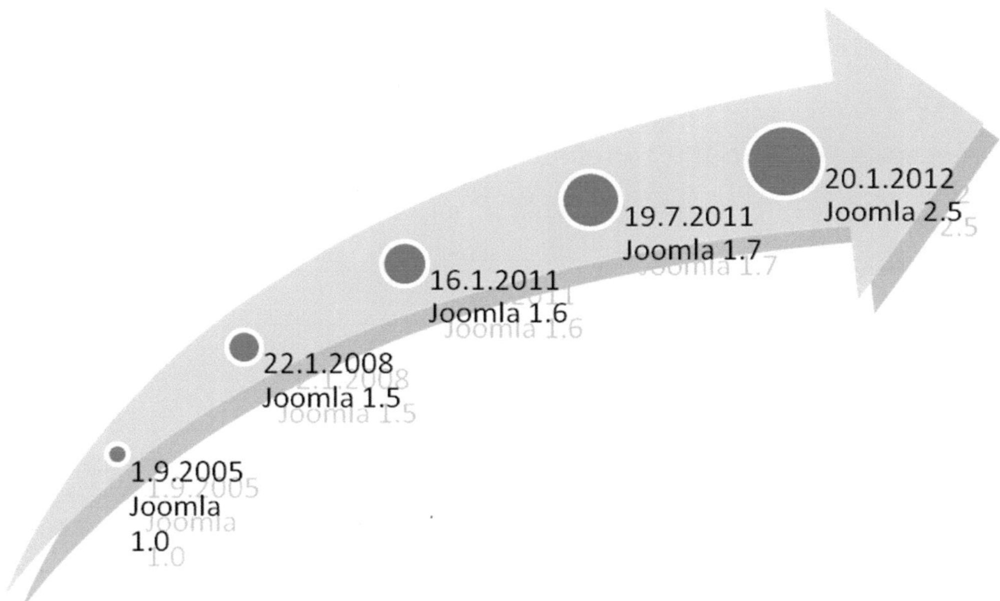

Abbildung 1: Die Geschichte von Joomla

Tatsächlich! Joomla gibt es wirklich erst seit 2005, was rückblickend absolut phänomenal ist, denn Joomla ist mittlerweile auf einem weltweiten Siegeszug unterwegs.

In der Zeit vor 2005 gab es auch schon so etwas wie Joomla, aber das damalige Programm hieß Mambo. Dieses war 2000 von der australischen Firma Miro als kostenloses Open-Source-Programm (d.h. für alle gratis nutzbar) entwickelt worden, um einer breiten Masse von Anwendern die Möglichkeit zu geben, auch ohne große Programmierkenntnisse Inhalte im Internet veröffentlichen zu können. In der Folgezeit gab es einige Updates von Mambo und es entwickelte sich prächtig. Als die ursprünglichen Entwickler sich allerdings von der Open-Source-Idee verabschieden und das ganze kostenpflichtig machen wollten, gab es einen heftigen Diskurs unter den bis dahin an dem Projekt arbeitenden Menschen. Letztendlich mündete das darin, das sich im Sommer 2005 eine

Entwicklergruppe vom Mambo-Team abspaltete und den Open-Source-Gedanken in der Entwicklung von Joomla weiter leben ließ. Daher ist Joomla auch heute noch ein Open-Source-Projekt und unterliegt der General Public Licence. Dazu mehr im nächsten Abschnitt.

1.2. Die General Public License (auch: GNU GPL)

Die GNU GPL gibt es seit 1989 und die Idee dahinter ist einfach aber gut. Dazu ein Zitat der FSF (Free Software Foundation, Entwickler der GNU GPL):

„Die meisten Lizenzen für Software und andere nutzbaren Werke sind daraufhin entworfen worden, Ihnen die Freiheit zu nehmen, die Werke mit anderen zu teilen und zu verändern. Im Gegensatz dazu soll Ihnen die *GNU General Public License* die Freiheit garantieren, alle Versionen eines Programms zu teilen und zu verändern. Sie soll sicherstellen, dass die Software für alle ihre Benutzer frei bleibt“[1]

Das heißt, jedermann darf diese Software benutzen, vertreiben und daran etwas verändern – allerdings nur, solange er die gleichen Freiheiten für die von ihm verbreitete Software garantiert.

Interessanterweise ist es übrigens nicht verboten, die Software zu verkaufen! D.h. wenn Sie Teile von Joomla nutzen oder verändern, können Sie diese auch verkaufen – solange Sie den Nutzern dann selbst die Rechte der GNU GPL einräumen.

Wenn Sie etwas mehr über die Hintergründe der GNU GPL lesen wollen und was Microsoft dazu sagt (dass die Herren nicht so schrecklich von solchen Dingen begeistert sind, können Sie sich vielleicht vorstellen), dann schauen Sie auf der in der Fußnote genannten Webseite vorbei.

2. Joomla verstehen – das Konzept

2.1. Joomla ist eine Webseite!

Ich möchte besonderen Wert auf ausführliche Erklärungen des Konzeptes von Joomla legen – denn das Verständnis dessen ist extrem wichtig für einen erfolgreichen Einsatz. Als erstes müssen Sie sich daran gewöhnen, das Joomla kein Programm ist, dass Sie – wie von anderen Programmen bekannt – auf Ihrer Festplatte installieren, ein paar Dinge einstellen, anklicken, mehrere Artikel schreiben und am Ende kommt eine Webseite heraus, die Sie ins Internet stellen. Nein. Joomla IST eine Webseite! Das bedeutet:

Joomla wird dort installiert, wo die Webseite laufen soll. Also entweder im Internet oder zu Hause bei Ihnen auf dem PC. Eine Joomla-Installation, die Sie bei sich zu Hause auf dem PC haben, wird aber auch nur dort eine Webseite produzieren![2] D.h. wenn Sie mit Joomla eine Webseite im Internet aufbauen wollen, müssen Sie Joomla entsprechend auch im Internet installieren – oder besser gesagt auf einer frei im Internet für jeden Nutzer zugänglichen Festplatte (später dazu mehr).

Joomla ist also eine Webseite. Oder sagen wir: Joomla ist das Grundgerüst einer Webseite, die Sie dann mit Inhalten füllen können. Diese Webseite hat 2 Bereiche:

- Das Frontend: Der Teil, den alle Nutzer sehen können, wenn sie in einem Internetbrowser auf diese Joomla-Webseite zugreifen.

[1] Quelle: Die deutsche Übersetzung der aktuelle GNU GPL Version 3 unter http://www.gnu.de

[2] Außer Sie nutzen Ihren Rechner als Web-Server, aber davon gehe ich nicht aus.

- Das Backend: Der Administrationsbereich. Dieser ist Passwort-geschützt und von dort aus werden ALLE Funktionen der Webseite gesteuert. Theoretisch ist auch dieser Teil der Webseite für jeden erreichbar – allerdings muss man über die nötigen Login-Daten verfügen.

Wie eine Joomla-Installation schematisch aufgebaut ist, erkennen Sie in der folgenden Abbildung:

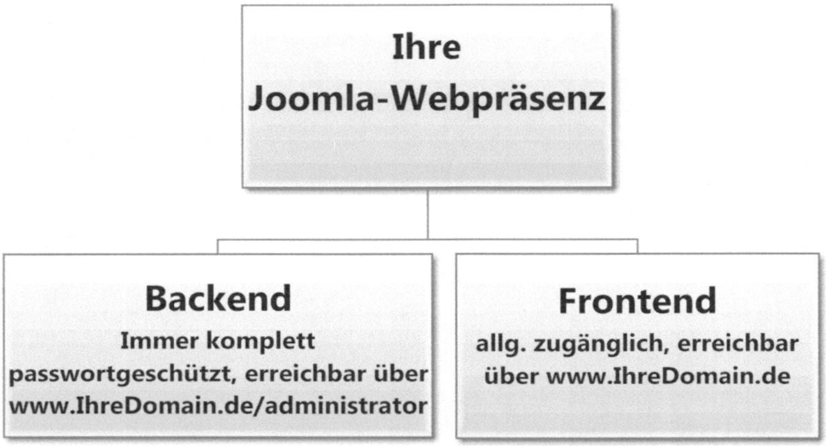

Abbildung 2: Die grundsätzliche Struktur jeder Joomla-Webseite

Da jede Webpräsenz ein Frontend braucht, das im Internet von Benutzern betrachtet werden kann und gleichzeitig auch ein Backend zur Steuerung und Erstellung des Frontend nötig ist, ergibt sich: Sie müssen für JEDE Webpräsenz, die Sie mit Joomla erstellen wollen, eine eigene Joomla-Installation anlegen, denn die jeweilige Joomla-Installation IST dann diese Webseite. Diese wird immer in Frontend und Backend unterteilt sein!

Wenn Sie Joomla üblicherweise installieren, wird es in einem Dateiordner im Internet installieren, der einer Url zugewiesen ist[3]. Daher erreichen Sie dann das Frontend, indem Sie die Url im Browser-Fenster aufrufen.

MERKE: Das Frontend Ihrer Joomla-Installation ist also erreichbar unter http://ww.IhreDomain.de und ist das, was viele Nutzer meinen, wenn allgemein von einer „Webseite“ gesprochen wird. Das Frontend ist der im Internet frei zugängliche Teil Ihrer Joomla-Installation.

Das Backend wird automatisch in ein Administrator-Verzeichnis installiert und stellt ebenfalls eine Webseite dar, die dann ebenfalls über die Eingabe einer Url in das Browser-Fenster erreichbar ist.

MERKE: Das Backend Ihrer Joomla-Installation ist erreichbar unter: http://www.IhreDomain.de/administrator und gehört genauso zur Joomla-Installation wie das Frontend, ist aber nur administrativ tätigen Personen (in der Regel sind das erst mal nur Sie) zugänglich. Dort verwenden Sie die Werkzeuge von Joomla (Komponenten, Module, Plugins und Templates).

[3] Die Verbindung zwischen einer Webadresse und dem Platz, wo die Daten der Webseite gespeichert sind, erläutere ich Ihnen später.

Beide Bereiche sind voneinander getrennt. Insbesondere das Backend muss sogar vor einem Zugang geschützt werden, denn dort kann die gesamte Joomla-Webpräsenz gesteuert, aufgebaut, erweitert und leider auch schwer beschädigt oder unbrauchbar gemacht werden. Über die zitierten Werkzeuge später mehr.

MERKE: Das Backend in Joomla darf nur von vertrauenswürdigen Personen betreten werden.

Ihr Arbeitsbereich als Administrator wird meistens das Backend sein, während Sie sich nur zwischendurch kurz das Frontend anschauen, um die im Backend gemachten Veränderungen/Einstellungen hinsichtlich ihrer Auswirkungen zu überprüfen.

Wie Backend und Frontend praktisch genutzt werden erläutert folgender Arbeitskreislauf (wenn Joomla bereits fertig installiert ist und Sie damit arbeiten können):

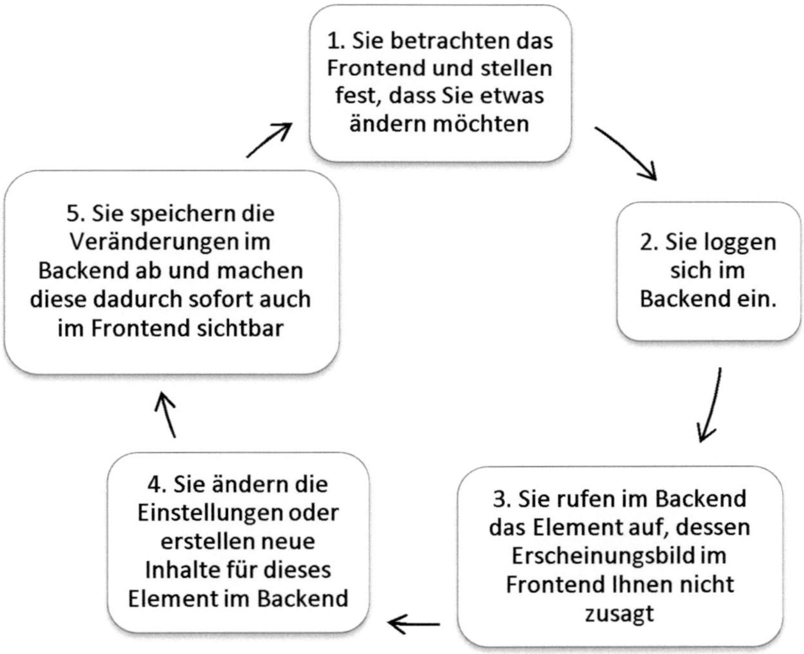

Abbildung 3: Immer wiederkehrender Arbeitszyklus an Ihrer Joomla-Webpräsenz.

Weiter geht es auf der nächsten Seite mit einem Überblick über die Elemente, die Sie im Backend einsetzen können, um das Frontend nach Ihren Wünschen zu gestalten: Komponenten, Module, Plugins und Templates. Näheres dazu im Kapitel 2.2: Das Handwerkszeug von Joomla.

+

Komponenten

- Die wichtigsten Teile des Backends
- Verwalten Inhalte Ihrer Webpräsenz und bereiten diese für die Darstellung im Frontend auf
- Stellen große Inhalte im Frontend (jeweils den Inhalt des Kernbereichs einer Joomla-Webseite (siehe Ausführungen auf Seite 15)).
- Sind große Programmteile mit tausenden Zeilen Programmcode und bringen oft eigene Module und Plugins mit

Module

- Befinden sich meistens im Randbereich einer Webseite
- Stellen dort kleine Inhalte im Frontend dar; Sie wählen ein Modul und platzieren es, um zu einer bestehenden Seite noch etwas hinzuzufügen
- bestehen aus deutlich weniger Programmcode als Komponenten
- gehören oft zu einer Komponente, deren Inhalte sie dann im Frontend darstellen können, können aber auch ganz eigenständig sein.

Plugins

- Vergleichbar mit Reglern und Schaltern, die Funktionen von Komponenten modifizieren können
- Plugins können nicht allein für sich funktionieren, sondern brauchen immer eine Komponente, auf die sie sich beziehen
- Sollten nur selten modifiziert werden, da eventuell wichtige Funktionen des Front- und/oder Backends beeinträchtigt werden können

Templates

- Werden über das Backend aktiviert und bestimmen dann das grafische Erscheinungsbild des Frontends (und ggf. des Backends)
- Stellen keine eigenen Inhalte dar, sondern geben den Inhalten von Komponenten und Modulen das passende Aussehen.
- Sind beliebig austauschbar, ohne den Inhalt der Webseite zu verändern

Abbildung 4: Die Werkzeuge, die Joomla Ihnen bietet, um eine Webseite zusammenzustellen.

2.2 Das Handwerkszeug von Joomla

Anmerkung: Weitere theoretische Ausführungen zu Joomla sind evtl. etwas schwierig zu verstehen, wenn Sie noch gar keine Ahnung haben, wie Joomla eigentlich funktioniert. Sie können daher auch jetzt bei Seite 17 weiterlesen und später hierher zurückkehren.

Joomla besteht aus vielen, vielen Werkzeugen, die Sie für das Erstellen einer Webseite nutzen können und müssen (und daher im Backend Zugriff auf diese Werkzeuge haben). Sie werden in vier Arten unterschieden: Komponenten, Module, Plug-Ins und Templates. Im Backend können Sie alle Werkzeuge anwenden und modifizieren, im Frontend steuert dann jedes von Ihnen aktivierte Werkzeug einen Teil zur Webseite bei.

Diese Unterteilung sollten Sie sich gut verinnerlichen, um die Funktionsweise von Joomla gut zu verstehen und später selbstständig mit diesen Werkzeugen umgehen zu können.

Die Komponenten

Als Administrator einer Webseite werden Sie am meisten mit den Komponenten zu tun haben. Das sind größere Programmteile, die verschiedene übergreifende Funktionen einer Webseite ermöglichen. Das können zum Beispiel sein:

- Das Verwalten und Anzeigen von Artikeln
- Das Verwalten und Anzeigen eines Kalenders
- Das Verwalten und Anzeigen eines Gästebuchs
- Das Verwalten und Anzeigen einer Fotogallerie
- Das Verwalten und Anzeigen eines Newsletters, usw.

Bewusst wiederhole ich die Angabe „Das Verwalten und Anzeigen von...“, denn Sie nutzen die Komponenten ganz ausdrücklich, um Inhalt zu verwalten, diesen anzuzeigen und ihn mit verschiedenen Funktionen zu administrieren. Als Joomla-Webdesigner sind Sie die meiste Zeit in den Administrationsoberflächen irgendwelcher Komponenten unterwegs und stellen dort Dinge ein oder um, um das Erscheinungsbild Ihrer Webseite im Frontend so zu gestalten, wie Sie das möchten.

Ein wichtiger Unterschied zu den Modulen, Plug-Ins und Templates ist, dass die Komponenten eigene Inhalte haben. So jongliert eine Kalender-Komponente mit Terminen herum (die Sie eingegeben haben). Oder ein Gästebuch beinhaltet die Einträge von Besuchern, während eine Fotogallerie die von Ihnen hochgeladenen Bilder umfasst. Diese Inhalte verwalten Sie im Backend-Bereich der Komponente und können Sie über die Komponente aber auch im Frontend einem Besucher Ihrer Webseite zeigen.

Komponenten sind die Säulen, auf denen Ihre Webseite steht und stellen auch Ihr wesentliches Arbeitsfeld im Backend einer Webseite dar. Unterschieden werden Komponenten, die bereits in einer frischen Joomla-Installation enthalten sind („Core-Komponenten“) und solche, die Sie später zu Ihrer Installation hinzufügen können, um weitere Funktionen zu ermöglichen („3rd-Party-Komponente[4]).

Die in der Joomla-Standardinstallation enthaltenen Komponenten sind:

- Inhalt: Verwaltet Ihre Artikel/Texte in verschiedenen Kategorien
- Banner: Verwaltet Banner und kann diese auf der Webseite zeigen
- Kontakt: Verwaltet Kontaktangaben zu einzelnen Nutzern
- Medien: Ordnet und verwaltet Bilder-Dateien und ggf. andere Medien

---

[4] 3rd-Party bedeutet dabei so etwas wie „die anderen“, um zu verdeutlichen, dass diese Komponenten nicht zum Joomla-Paket dazu gehören, sondern von anderen Entwicklern stammen.

- Suche: Bietet eine Suchfunktion im Frontend an
- Umleitung: Sie können fehlerhafte Links auf andere Webseiten umleiten
- Weblinks: Verwaltet eine Link-Sammlung in versch. Kategorien
- Wrapper: Kann fremde Webseiten in Ihre Webseite integrieren

Halten Sie eine Minute inne und überlegen Sie sich, was diese einzelnen Komponenten wohl so alles können.

... Inhalte darstellen und verwalten, Banner verwalten und anzeigen, Kontakte verwalten, Medien verwalten und einbinden, eine Suchfunktion implementieren, Weblinks verwalten und darstellen, Webadressen umleiten und externe Inhalte in Ihre Webseite einbinden (wrappen). Das reicht schon für eine ziemlich gute Webseite aus!

Module

Module werden Sie mögen! Module sind vielseitig in ihren Funktionen und meistens sehr spezialisiert. D.h. ein einzelnes Modul ist auch nur dafür geschrieben worden, eine ganz bestimmte Funktion auszuführen, bzw. eine bestimmte Information im Frontend anzuzeigen. Aber da es eine nahezu unbegrenzte Anzahl an Modulen gibt, finden Sie fast immer ein Modul, das genau das „kann", was Sie gerade suchen. Beispiele für Module (die aus praktischen Gründen im Frontend fast immer einen kleinen, rechteckigen Platz einnehmen) sind:

- Anzeigen einer Wettervorhersage auf Ihrer Webseite
- Anzeige eines Login-Feldes
- Anzeige einer Werbeanzeige
- Anzeige aktueller Termine
- Anzeige einer Artikelliste

Sie merken schon: Wenn Sie diese Aufzählung mit der Aufzählung der Komponenten-Funktionen vergleichen, sind die Modul-Funktionen viel spezialisierter und weniger flexibel – dafür aber auch viel einfacher einzusetzen und zu beherrschen. Denn Module sind lediglich überschaubare Programmteile mit deutlich weniger Programmiercode und Einstellungsmöglichkeiten als die Komponenten.

Ein weiterer, wichtiger Unterschied zu den Komponenten ist, dass die Module keine eigenen Inhalte haben! Module sind darauf spezialisiert, sich ihre Inhalte irgendwo her zu „besorgen" und diese dann auf der Webseite darzustellen. Dies sind dann Inhalte, die Sie als Webmaster z.B. innerhalb einer Komponente erstellt haben.

Für die oben genannte Liste bedeutet das:

- ➢ Anzeigen einer Wettervorhersage auf Ihrer Webseite: Das Modul zieht sich Daten z.B. von Google über das Wetter und zeigt diese auf Ihrer Webseite für eine bestimmte Stadt an.
- ➢ Anzeige eines Login-Feldes: Das Modul bietet keine eigenen Inhalte, sondern zeigt ein Login-Feld an
- ➢ Anzeige eines Banners: Das Modul zeigt einen Banner, den es aus der Komponente „Banner" bezieht
- ➢ Anzeige aktueller Termine: Das Modul zieht Termine aus der Datenbank einer Kalenderkomponente und stellt diese dar.
- ➢ Anzeige einer Artikelliste: Das Modul zeigt die Titel von ausgewählten Artikel aus der Core-Komponenten „Inhalt" an.

Sie erkennen, dass Module entweder:

- Inhalte aus einer Komponente beziehen und diese anzeigen können, oder:
- Inhalte z.B. irgendwo aus dem Internet beziehen und diese anzeigen, oder:
- Inhalte an eine Komponente weiterleiten können, wo diese dann weiter verwaltet und bearbeitet werden (bezogen auf das Modul, das ein Login-Feld darstellt).

So. Wenn Sie sich ein wenig verwirren möchten, lesen Sie die unten stehende Fußnote, wenn Sie auch so schon verwirrt genug sind, dann lesen Sie einfach weiter mit dem Abschnitt über die Plug-Ins.[5]

Plug-Ins

Plug-Ins haben keine eigenen Inhalte. Aber dennoch sind die Plug-Ins von größter Wichtigkeit für Ihre Joomla-Webseite, denn es handelt sich dabei gewissermaßen um Schalter und Stellschrauben, mit denen Sie andere Funktionen von Modulen oder Komponenten beeinflussen können.

Da Plugins keine eigenen, selbstständigen Funktionen ausüben können, sondern nur bestehende Komponenten oder Module modifizieren, sind sie immer dementsprechend auch zugeordnet. Die Plug-Ins einer frischen Joomla-Installation sind zum Beispiel einem der folgenden Bereiche zugeordnet, indem sie kleine Funktionen realisieren: Authentication, Captcha, Content, Extension, Editors, Editors-xtd, Finder, Quickicon, Search, System, User, XML-RPI.

Nur zwei Beispiele:

Mit dem Plug-In „Bewertung“ aus dem Bereich „Content“ können Sie eine Funktion ein- oder ausschalten, mit der es Besuchern möglich ist, Artikel (=Content) auf Ihrer Webseite zu bewerten.

Oder:

Mit dem Plug-In „Editorbutton Bild“ aus dem Bereich „Editors-xtd“ können Sie den Erstellern von Texten in Joomla die Möglichkeit geben, ein Bild in einen Text einzufügen, indem ein entsprechender Button angezeigt wird.

Also: Die Plug-Ins modifizieren die Funktionen bereits bestehender Bereiche. Nahezu jede Komponente hat ihre eigenen Plug-Ins und wenn Sie eine etwas länger bestehende Joomla-Installation näher ansehen, dann sammeln sich dort im Lauf der Zeit 100-200 Plug-Ins an, mit denen die installierten Komponenten modifiziert werden.

Templates

„Template“ kommt aus dem Englischen und bedeutet „Vorlage“ oder „Schablone“. Und genau diese Funktion erfüllen die Templates auch in Joomla: Sie sind die grafischen Vorlagen für Ihre Webseite.

Templates sind gewissermaßen die Kleider für Ihre Webseite[6]. Mit dem was drin steckt, haben sie absolut nichts zu tun. Aber da Kleider bekanntlich Leute machen, sind die Templates extrem wichtig für den Erfolg Ihrer Webseite. Sie legen für Ihre Webseite jeweils ein Template fest und bestimmen damit das grafische Erscheinungsbild. Sie bestimmen so über Anordnungsmöglichkeiten und Farben der einzelnen Elemente, z.B. die Farbe und Größe der Schrift.

Während Joomla mit den Programmiersprachen html und php arbeitet, kommen bei den Templates noch eine oder mehrere CSS-Dateien hinzu. CSS bedeutet „Cascading Style Sheet“. Dort steht drin, wie ein Webbrowser die Inhalte aussehen lassen soll, die eine Webseite mit diesem Template darstellt.

---

[5] Es gibt eine Ausnahme von der Regel, dass Module keine eigenen Inhalte anbieten. Denn es gibt ein Modul, mit dem Sie html-Text auf Ihre Webseite einfügen können. Diesen html-Text geben Sie selbst im Backend in dieses Modul ein und geben dem Modul damit einen eigenen Inhalt. Dieses Modul gehört sogar mit zu den beliebtesten Modulen überhaupt. Aber dazu später mehr.

[6] Mit dem wesentlichen Unterschied, dass Sie Templates nicht regelmäßig waschen müssen oder Ihr Partner/Partnerin sich darüber beschwert, dass Sie mal wieder Ihre benutzten Templates im Schlafzimmer auf dem Boden herumliegen lassen.

In der folgenden Abbildung erkennen Sie die Struktur on Joomla aus Abbildung 2 ergänzt um die von Ihnen nutzbaren Werkzeuge, auf die Sie im Backend Zugriff haben und damit das Erscheinungsbild des Frontends beeinflussen:

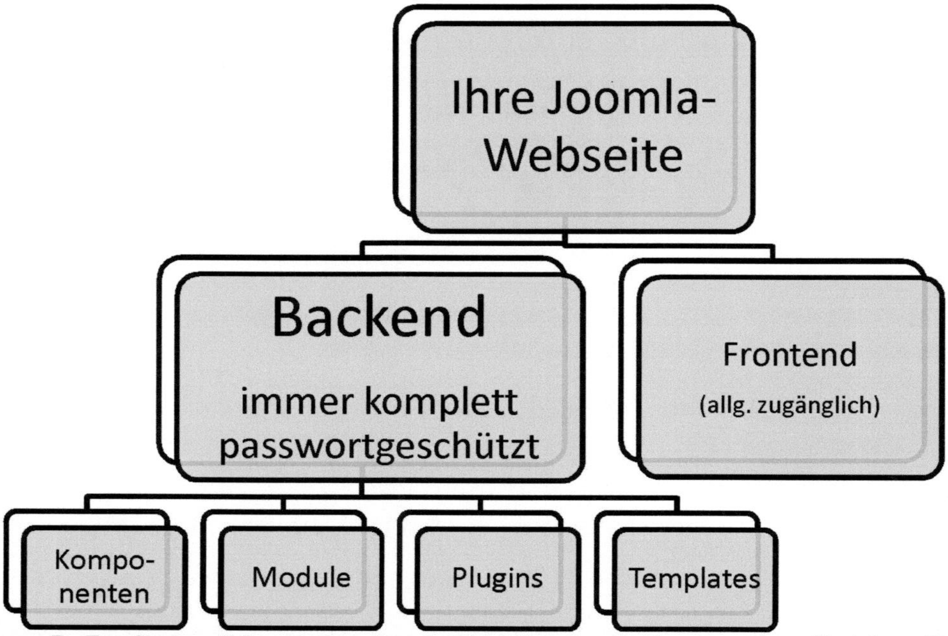

Abbildung 5: Erweitertes Schema der Joomla-Webpräsenz mit Komponenten, Modulen, Plugins und Templates. Alle Elemente sind im Backend zu steuern, Änderungen zeigen sich im Frontend.

3. Wie entsteht eine Webseite mit Joomla?

Viele Anwender von Joomla tun sich am Anfang sehr schwer, das Konzept und die Arbeitsweise von Joomla zu verstehen. Und dann ist natürlich auch das Arbeiten mit Joomla nicht einfach.

Grundsätzlich ist eine Webseite nichts anderes als ein langer Text von Programmiercode, der ursprünglich von oben nach unten heruntergeschrieben wurde. Obere Teile der Webseite standen weiter oben im Programmiercode, untere Teile weiter unten und alles wurde von Programmierern so in der passenden Reihenfolge geschrieben. Alles ganz logisch. Auch heute noch bestehen die Webseiten aus dem gleichen Programmiercode. Nur wird der im Fall von Joomla nicht mehr von menschlichen Programmierern „heruntergeschrieben". Das Schreiben des Programmiercodes übernimmt Joomla für Sie, nur müssen Sie Joomla ziemlich klare Angaben machen, wie die Struktur der Webseite und damit die Struktur des Codes sein soll.

Wenn Sie zum Beispiel eine Webseite mit Joomla erstellen und Joomla mitteilen, dass oben ein Artikel erscheinen soll und weiter unten ein Menü, dann wird Joomla den Programmiercode entsprechend zusammensetzen und an den Browser übermitteln, damit dieser die Webseite entsprechend anzeigt. Sie können natürlich jederzeit auch entscheiden, dass das Menü oben und der Artikel darunter erscheinen soll. Dann wird Joomla den Programmiercode entsprechend ändern. Das ist das tolle an Joomla: Sie müssen den Programmiercode nicht selbst lesen oder schreiben, haben aber dennoch nahezu die volle Kontrolle darüber, wie Joomla diesen erstellen soll. Bildlich sieht das also so aus:

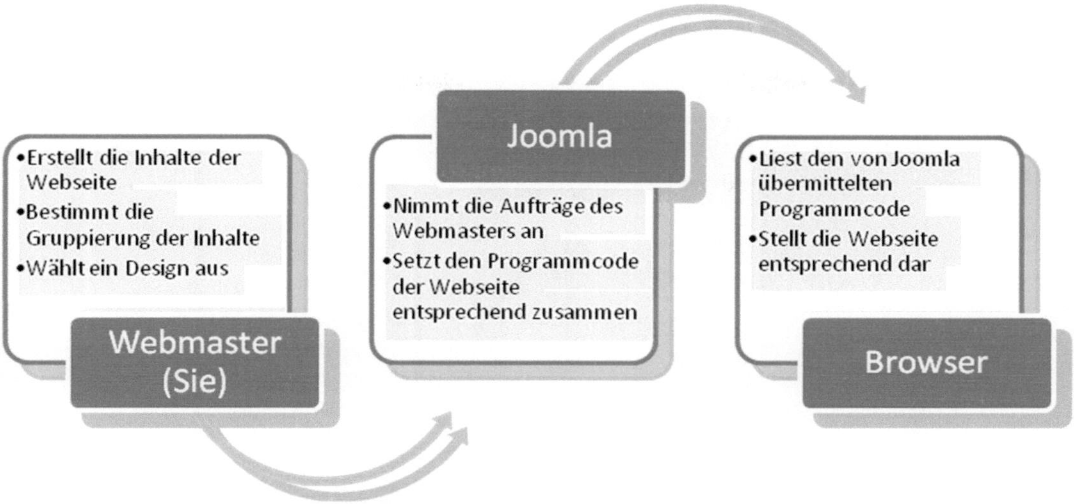

Abbildung 6: Die Produktionskette einer Webseite in Joomla.

Nachdem Sie nun wissen, wie ganz grundsätzlich der Porgrammcode einer Webseite mit Joomla entsteht, sollten Sie die Struktur einer Joomla-Seite verstehen.

Sehen Sie sich mal folgende Joomla-Webseite an:

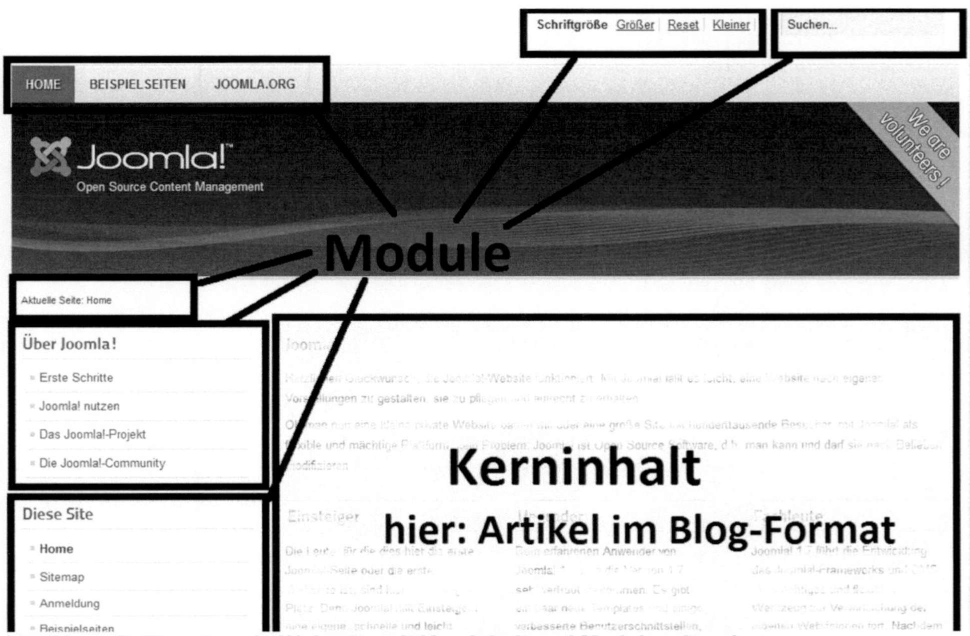

Abbildung 7: Eine Joomla-Webseite mit Kerninhalt und Modulen drumherum.

Sie sehen ein zentrales Element (=Kerninhalt, hier mehrere Artikel) und mehrere Funktionsmodule als Neben-Elemente (=Module) um den Kerninhalt herum angeordnet. Und genau nach diesem Prinzip gestalten Sie auch in Joomla die einzelnen Webseiten Ihrer Webpräsenz:

MERKE: Zentral in einer Joomla-Webseite wird immer ein Element aus einer Komponente angeboten und darum herum können Sie weitere Inhalte oder Funktionen durch die Positionierung von Modulen realisieren. Daraus ergibt sich der immer gleiche Prozess, wenn Sie eine neue Webseite in Ihrer Joomla-Webpräsenz anlegen wollen:

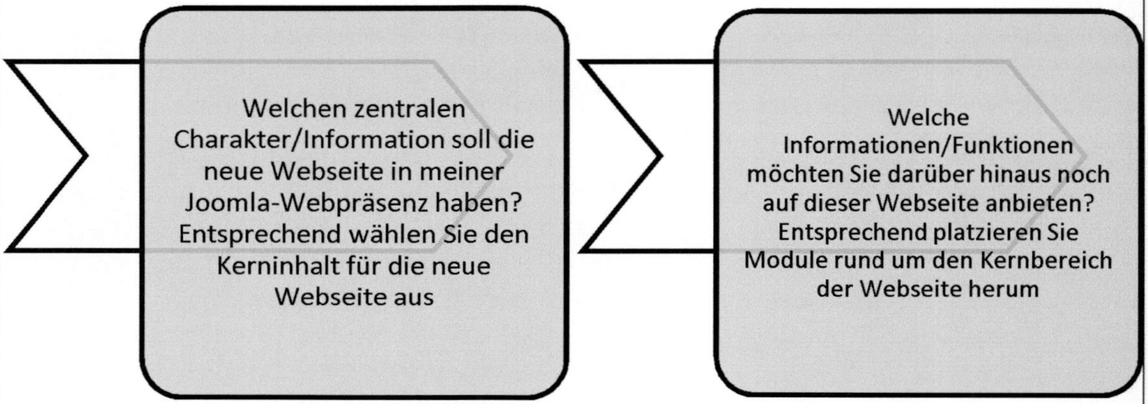

Nachdem Sie nun festgelegt haben, welche Inhalte zu der Webseite gehören, müssen Sie noch das Aussehen bestimmen. Das wird in Joomla bekanntlich durch die Templates erledigt. Denn Komponenten und Module liefern keine Angaben über Schriftgröße, Grafik, Farbe etc.

Ohnehin wäre das sehr umständlich, denn dann müssten Sie in allen Modulen und Komponenten dieselben Einstellungen wählen, damit Ihre fertige Webseite homogen und alles zueinander passend aussieht. Stattdessen regelt das gesamte grafische Erscheinen für alle Teile der Webseite das Template. Dieses legen Sie im Backend fest und Joomla bezieht daraus die Teile des Programmcodes einer Webseite, die dem Browser mitteilen, wie die Inhalte einer Webseite grafisch gestaltet werden sollen.

Nachdem nun der Programmcode eigentlich (fast) fertig ist, muss Joomla nun aus technischen Gründen noch einen Code-Teil hinzufügen, der „Meta-Daten“ genannt wird und einige wichtige Daten über die Webseite enthält. Dabei geht es um Angaben wie: Wer hat die Webseite erstellt? Wann wurde sie zuletzt bearbeitet? Wie lautet die kurze Beschreibung dieser Webseite? Wie lautet der Titel der Webseite? und so weiter. Diese Angaben sind im Quellcode enthalten, werden jedoch (mit wenigen Ausnahmen) nicht im Frontend angezeigt. Sie dienen vielmehr den Suchmaschinen dazu, die Webseite besser beurteilen zu können. Joomla macht das automatisch und auch ohne spezifische Angaben von Ihnen. Allein im Rahmen der Suchmaschinenoptimierung sollten Sie auf diese Meta-Angaben Einfluss nehmen. Wenn Sie das alles verstanden haben, dann wissen Sie nun:

MERKE: In Joomla schreibt man keine Webseiten von oben nach unten mit einer Programmiersprache herunter. Joomla ist ein Steckbaukasten, bei dem jede Webseite aus verschiedenen Elementen (einer Kern-Komponente und mehreren Modulen und dem Template) zusammengesetzt wird. Ihre Aufgabe als Webdesigner ist es daher, Joomla zu vermitteln, wie der Quellcode einer Webseite zusammengesetzt werden soll.

Sie müssen niemals selbst Programmcode schreiben, sondern Joomla nur beauftragen, dies zu tun.

Das alles in einer übersichtlichen Form finden Sie in folgender Abbildung:

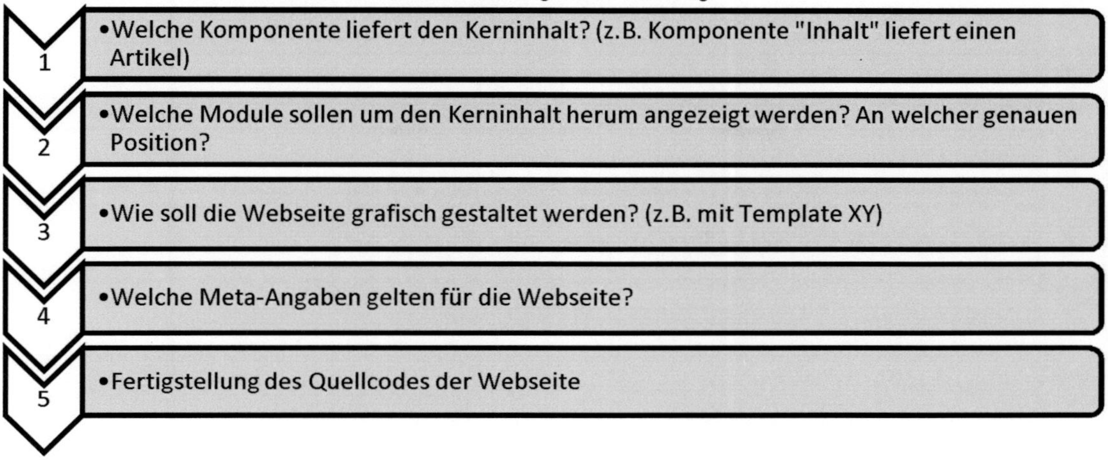

Abbildung 8: Joomla erstellt eine Webseite, Step-by-Step.

4. Eine Webseite mit Joomla aufbauen

Nachdem Sie nun eine Menge Theorie über Joomla gelesen haben, soll es nun endlich mit der Praxis losgehen! In dieser Übung lernen Sie die ersten Schritte mit Joomla, nämlich wie man eine Webseite aufbaut, indem man Joomla installiert. Es gibt grundsätzlich zwei Möglichkeiten:

- Installation von Joomla im Internet als lauffähige Webseite
- Installation von Joomla auf Ihrem PC nur für Testzwecke

Welchen Weg Sie für sich wählen, hängt meistens davon ab, ob Sie Zugriff auf Speicherplatz im Internet haben (=Webspace). Wenn dem so ist, dann sollten Sie unbedingt die Installation im Netz durchführen, denn das ist die Variante, die Sie später anwenden müssen, wenn Sie eine „richtige“, eigene Webseite produzieren wollen. Die Installation bei Ihnen zu Hause am PC dient nur der Übung und damit Sie dort eine Joomla-Webpräsenz zum Herumspielen und ausprobieren haben. In den Kapiteln 5.1 und 5.2. zeige ich Ihnen jeweils, wie Sie die Joomla-Dateien im Internet und auf Ihrem eigenen PC an die richtige Stelle bekommen und alle anderen Anforderungen erfüllen, um Joomla zu installieren. In Kapitel 5.3 geht es dann für beide Varianten los mit der eigenen Installation.

4.1. Joomla im Internet installieren

Um Joomla im Internet zu installieren, müssen Sie folgendes tun:

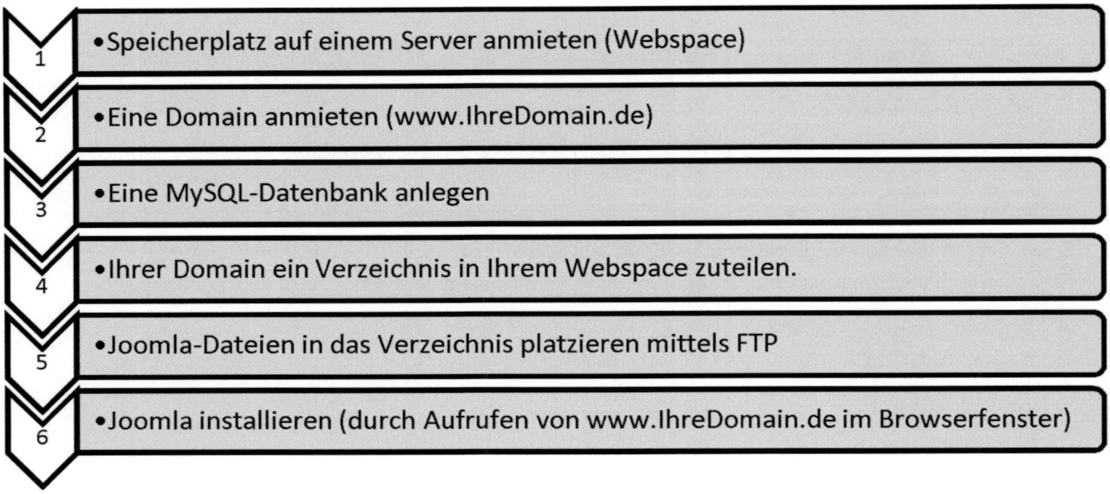

Abbildung 9: Schema der Joomla-Installation im Internet (auf einem Server).

Eine Webseite soll meistens für alle Nutzer im Internet erreichbar sein. Sie sollen eine bestimmte Adresse (z.B. www.IhreDomain.de) in ihren Webbrowser eingeben und der soll dann diese Seite anzeigen. Das bedeutet, Sie brauchen zwei Dinge:

Eine Webadresse: www.IhreDomain.de, unter der Ihre Webseite zu finden ist (wie die Adresse Ihrer Wohnung). Und an dieser Adresse müssen Sie nun auch eine Seite aufbauen – so wie Sie an Ihrer Wohnungsadresse auch eine Wohnung haben. Ansonsten würde jemand Ihre Adresse besuchen und vor einem leeren Bauplatz stehen. Und dazu brauchen Sie Speicherplatz im Internet (auch „Webspace“ genannt – also sozusagen einen Bauplatz im Internet). Denn Sie können diese Webseite nicht einfach irgendwo auf Ihrem PC aufbauen – denn darauf können Internetnutzer nicht einfach zugreifen. Und Sie wollen ja auch nicht, dass jeder einfach von außen auf Ihrem Rechner herumsurfen kann. Also braucht Sie Speicherplatz im Internet. Den (und praktischerweise auch eine Webadresse für Ihre Homepage) bekommen Sie meistens schon für wenig Geld bei entsprechenden Firmen.

Wenn Sie noch keinen eigenen Webspace haben, dann finden Sie eine ganze Hülle und Fülle von entsprechenden Firmen im Internet. Dazu geben Sie bei Google einfach das Wort „Webspace“ ein. Dabei sollten Sie aber sichergehen, dass der Anbieter Joomla unterstützt. Bei den meisten zu buchenden Webspace-Paketen wird inzwischen angegeben, ob Content-Management-Systeme wie Joomla unterstützt werden. Wenn nicht, schreiben Sie eine kurze Email an den Support des Anbieters, meistens lässt eine Antwort nicht lange auf sich warten – besonders dann, wenn Sie sich als möglicher Neukunde präsentieren!

Schauen Sie diesbezüglich auch mal bei mir auf http://www.joomla-lernen.de vorbei, vielleicht habe ich noch eine aktuelle Empfehlung dazu für Sie. Wenn Sie Webspace auf einem Server gemietet haben, dann bekommen Sie von dort:

- die Zugangsdaten dazu (FTP-Login-Daten)
- Einen Ordner, in den Sie Dateien platzieren können
- Eine Domain, die Sie selbst aussuchen können
- Eine MySQL-Datei

Egal bei welcher Firma Sie sich den Webspace gemietet haben, Sie müssen dann noch eine Webadresse (= eine Domain, z.B. www.IhreDomain.de dazumieten. Die kriegen Sie für 6-15 Euro im Jahr. Manchmal ist eine Webadresse Ihrer Wahl auch gleich mit in Ihrem Webspace-Paket mit drin. Aber bedenken Sie: Wenn Sie einmal eine Webadresse gekauft haben, können Sie sich nicht mehr umtauschen! Denn das sind individuell für Sie angefertigte Leistungen, die in aller Regel vom Umtausch oder der Rückgabe ausgeschlossen sind!

Der Anbieter Ihres Webspace verbindet dann die Web-Adresse mit einem Verzeichnis in Ihrem Webspace: Wenn also jemand die Adresse Ihrer Webseite in seinen Browser eingibt, werden die Inhalte angezeigt, die Sie in dem betreffenden Verzeichnis in Ihrem Webspace abgelegt haben. Und da wird dann Joomla platziert sein und dem Benutzer eine Webseite anzeigen.

Auf der Seite www.joomla-lernen.de finden Sie genauere Beschreibungen, wie Sie bei verschiedenen Anbietern von Webspace eine Verbindung von Ihrer Webadresse mit dem Webspace bzw. einem Verzeichnis in dem Webspace herstellen können.

Da Sie möchten, dass dann Ihre Joomla-Seite angezeigt wird, müssen Sie also Joomla in das Verzeichnis in Ihrem Webspace hochladen/installieren. Dazu brauchen Sie einen Zugang zu Ihrem Webspace, und da hilft Ihnen der Anbieter von Ihrem Webspace, denn er gibt Ihnen die sog. FTP-Zugangsdaten[7].

Um auf Ihren Webspace zuzugreifen (Dateien dort zu platzieren, zu bearbeiten oder zu löschen), brauchen Sie noch ein FTP-Programm auf Ihrem Rechner. Vereinfacht gesagt ist der Webspace eine Festplatte im Internet, auf der Sie Daten speichern können. Es gibt zum Beispiel das Programm „FileZilla", das Sie finden, wenn Sie es mit Google suchen. Sie installieren es auf Ihrem PC und können von dort aus den Webspace im Internet verwalten, Dateien dort platzieren, löschen oder ändern. Ich empfehle Ihnen aber eine andere, meiner Ansicht nach bequemere Variante:

Führen Sie mit Google eine Suche nach „online ftp" aus und klicken dann auf das erste Suchergebnis (oder suchen Sie nach „www2ftp.de"). Diese Seite funktioniert wie ein FTP-Programm und Sie können über das Internet auf Ihren Webspace zugreifen. Ich finde das praktischer als das FTP-Programm auf Ihren Rechner zu installieren, denn mit dieser Seite können Sie von überall her Ihren Webspace verwalten.

Auf der Webseite des Online-FTP finden Sie dann ein Feld „Login":

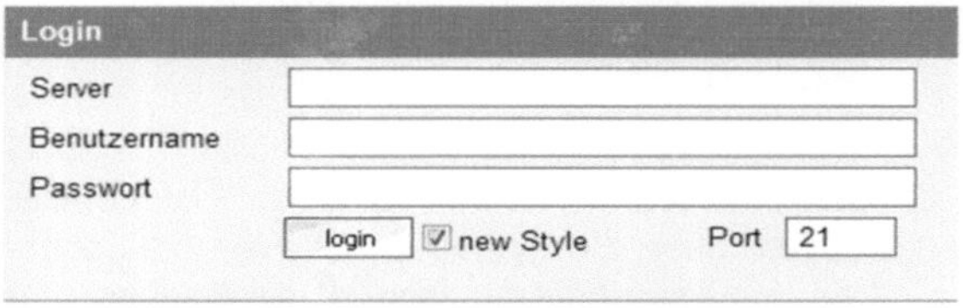

Abbildung 10: Das Loginfeld im Web-FTP

Tragen Sie dort die FTP-Zugangsdaten ein, die Sie vom Anbieter Ihres Webspace erhalten haben und schon haben Sie Zugriff auf den von Ihnen gemieteten Webspace und alle Verzeichnisse in Ihrem Webspace werden Ihnen angezeigt, so wie Sie es vom Windows-Explorer kennen. Suchen Sie nun das Verzeichnis, das Ihrer Webadresse zugeordnet ist. Wenn Ihre Webseite www.IhreDomain.de heißt, dann ist es bei den meisten Anbietern von Webspace so, dass in Ihrem Webspace auch ein Verzeichnis angelegt ist, das in etwa so heißt wie Ihre Webadresse, also zum Beispiel /IhreDomain. Manchmal müssen Sie das Verzeichnis aber auch selbst anlegen und Ihrer Webadresse zuordnen.

Wenn Sie nicht wissen, welches Verzeichnis Ihrer Webadresse (die Sie vorher natürlich festlegen müssen!) zugeordnet ist, dann schreiben Sie Ihren Webspace-Anbieter an. Immer finden Sie in Ihrem Account bei Ihrem Webspace-Anbieter aber auch eine Liste mit allen Webadressen (auch Domains genannt), die Sie gemietet haben und dort steht in der Regel, welches Verzeichnis in Ihrem Webspace der jeweiligen Webadresse zugeordnet ist.

[7] FTP bedeutet in diesem Zusammenhang File Transfer Programm. FTP dient also dazu, Dateien auf Ihren Webspace zu übertragen.

Gehen Sie in dieses Verzeichnis, es sollte jetzt noch leer sein. Als Beispiel zeige ich hier die Webseite www.joomla-tiger.de mit dem dazugehörigen Ordner joomla-tiger.de:

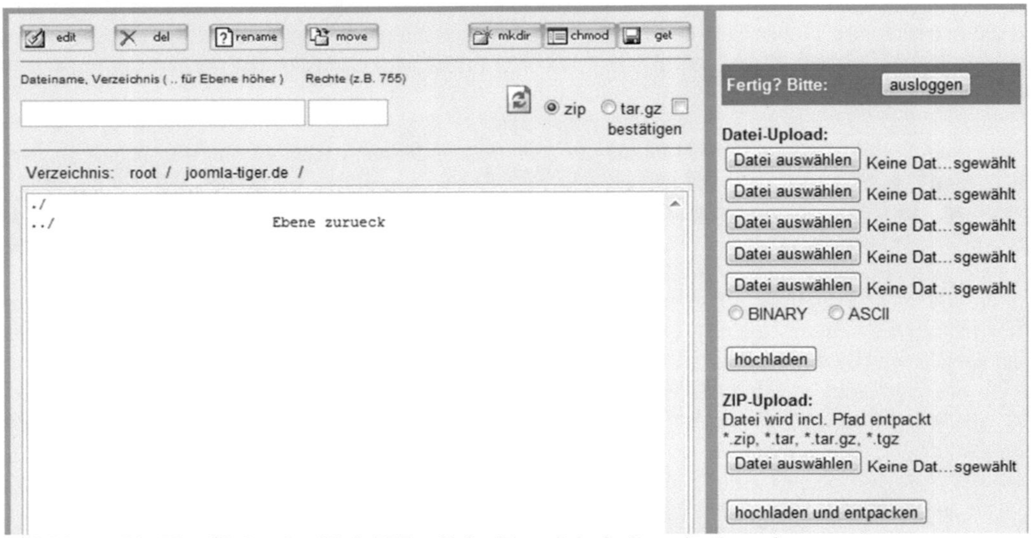

Abbildung 11: Oberfläche des Web-FTP mit der Verzeichnis /joomla-tiger.de

Über dem weißen Feld steht der aktuelle Pfad: root/joomla-tiger/, d.h. ich befinde mich nun in dem Verzeichnis, das der Internet-Adresse www.joomla-tiger.de zugeordnet ist (es heißt hier zufällig so wie meine Webadresse, könnte aber beliebig anders heißen). Wenn jemand mit einem Internetbrowser also diese Internetadresse (http://www.joomla-tiger.de) aufruft, werden ihm die Daten angezeigt, die in diesem Verzeichnis gespeichert sind. Rechts erkennen Sie die Möglichkeiten, die nun offen stehen für den Datei-Upload. Denn noch ist das Verzeichnis leer und muss gefüllt werden – zum Beispiel mit einer Joomla-Installation. Unter dem normalen „Datei-Upload" erkennen Sie „ZIP-Upload". Klicken Sie nun auf „Datei auswählen" beim ZIP-Upload und wählen die Joomla-PaketDatei aus, die Sie zuvor schon heruntergeladen haben. Wenn nicht, dann geht der Joomla-Download so:

Die neuste Joomla-Version finden Sie auf dieser Webseite[8]:

http://www.joomla.de/download-joomla.html

Dort laden Sie das Paket „Joomla 2.5 – Komplettpaket in deutsch" herunter. Es handelt sich dabei um eine ZIP-Datei, also um ein Dateipaket, dass zusammengepackt wurde. Laden Sie es herunter auf Ihren Rechner.

Wählen Sie nun diese Datei zum ZIP-Upload aus und klicken anschließend auf „hochladen und entpacken". Alles weitere geht jetzt von allein!

Und keine Sorge: die Dateien werden jetzt hochgeladen und an die richtigen Stellen entpackt. Sollte der Webftp nach einer Weile eine Fehlermeldung anzeigen, dann lassen Sie sich dadurch nicht verwirren – es geht alles seinen geordneten Gang. Wenn der Upload funktioniert hat, sollte folgendes in dem Ordner enthalten sein:

[8] Alternativ können Sie auch googeln: „Joomla deutsch download" oder so etwas ähnliches.

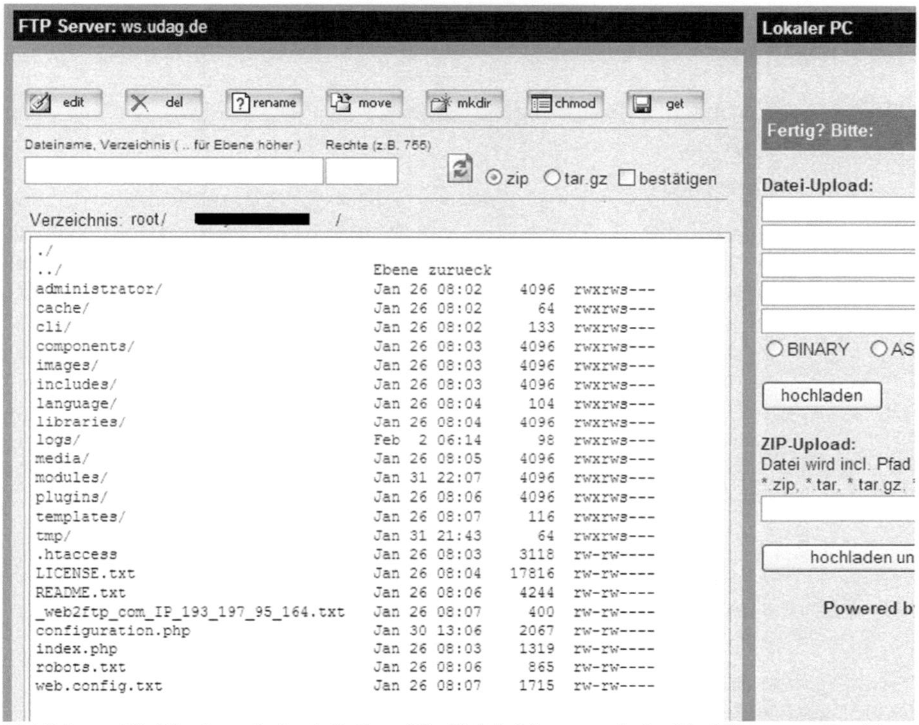

Abbildung 12: Die Joomla-Installation (die Datei .htaccess heisst bei Ihnen noch „htaccess.txt", dazu später mehr)

Jetzt haben Sie die Joomla-Dateien dort platziert, wie sie hingehören. Es geht nun für Sie weiter mit der eigentlichen Installation des Programms; Weiter bei Punkt 5.3.: Joomla installieren

4.2. Joomla nur zum Testen auf Ihrem PC installieren

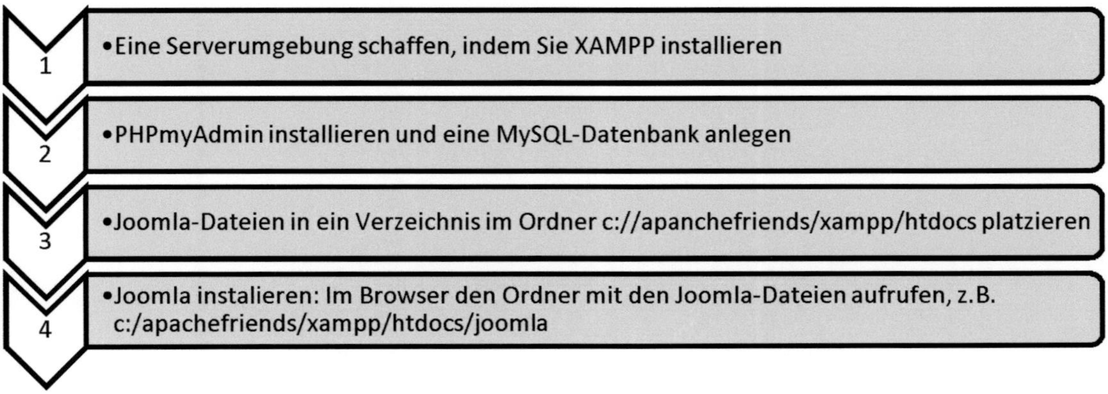

Abbildung 13: Schema der lokalen Installation von Joomla.

Wenn Sie keinen eigenen Webspace haben und auch noch kein Geld ausgeben möchten, können Sie eine Joomla-Webseite auch auf Ihrem Computer aufbauen. Dann ist sie allerdings nur auf Ihrem PC einsehbar und nicht über das Internet erreichbar.

Als erstes müssen Sie dafür einen lokalen Webserver installieren, sozusagen also ein lokales Internet. Das benötigte Programm XAMPP finden Sie auf der folgenden Webseite:

http://www.apachefriends.org/de/xampp.html

Dort laden Sie sich die Programmvariante herunter, die Sie brauchen, z.B. „XAMPP für Windows" und installieren Sie auf Ihrem Rechner. Wie das genau geht, würde in diesem kleinen Buch zuviel Platz verschwenden, aber Sie finden eine Video-Anleitung auf meiner Webseite http://www.joomla-lernen.de oder im Internet auch sehr gute Anleitungen unter:

http://www.joomla-fulda.de/einstieg/185-joomla-testumgebung-mit-xampp.html

oder wenn Sie „Joomla Testumgebung" googeln oder hier: http://www.apachefriends.org

Anschließend laden Sie sich die neuste Version von Joomla herunter. Diese finden Sie auf dieser Webseite:

http://www.joomla.de/download-joomla.html

Dort laden Sie das Paket „Joomla 2.5 – Komplettpaket in deutsch" herunter. Es handelt sich dabei um eine ZIP-Datei, also um ein Dateipaket, dass zusammengepackt wurde. Laden Sie es herunter auf Ihren Rechner und klicken die Datei an. Da sie gepackt ist, müssen Sie sie „auspacken"[9], und damit die Dateien dann auch an den richtigen Platz kommen, müssen Sie ein Zielverzeichnis angeben. Das Zielverzeichnis für das Entpacken ist:

C:\Apachefriends\xampp\htdocs\joomla

Sie müssen das Verzeichnis nicht anlegen, dies geschieht automatisch beim Entpacken der Dateien, Sie müssen nur den Zielordner vorher festlegen (siehe Abbildung 14). Wenn Sie Joomla in diesen Ordner entpackt haben, sind Sie auch schon fertig. Der Inhalt des Ordners sollte jetzt den Dateien gleichen, die in Abbildung 12 gezeigt sind. Wenn nicht, dann wiederholen Sie den Vorgang.

[9] Wenn Sie kein Programm zum Auspacken einer solchen ZIP-Datei haben, können Sie sich das Programm FileZip im Internet problemlos besorgen. Sie finden es, wenn Sie es über Google suchen. Es ist ganz einfach zu bedienen und zu installieren.

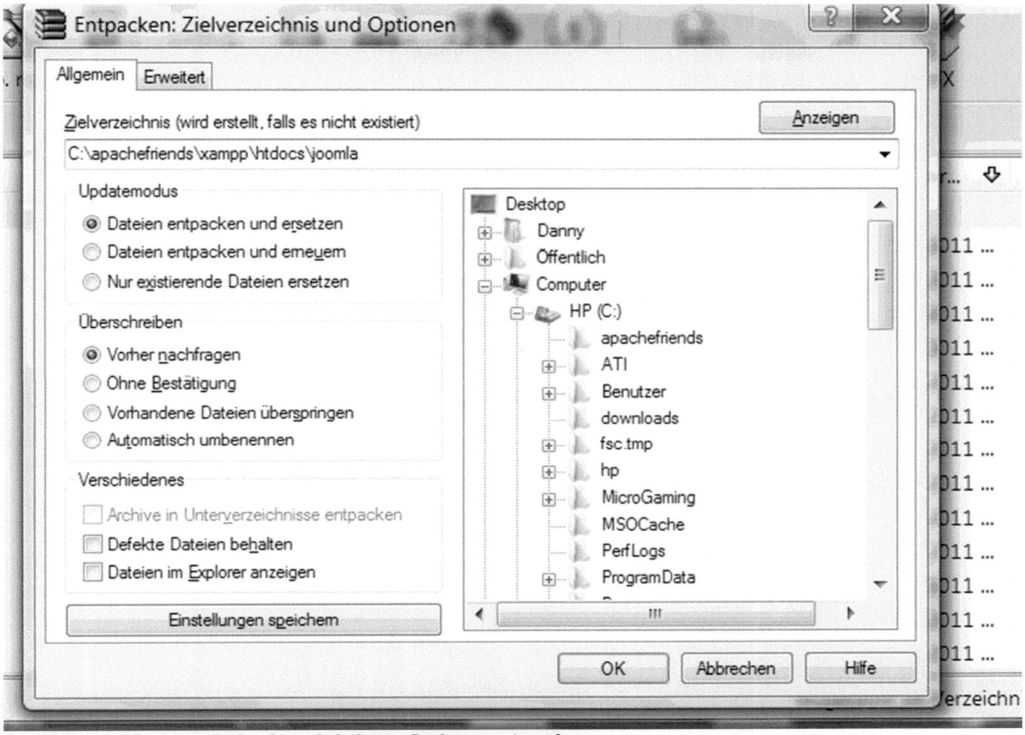

Abbildung 14: Joomla in den richtigen Ordner entpacken

Jetzt starten Sie XAMPP und schauen sich das Control-Panel an:

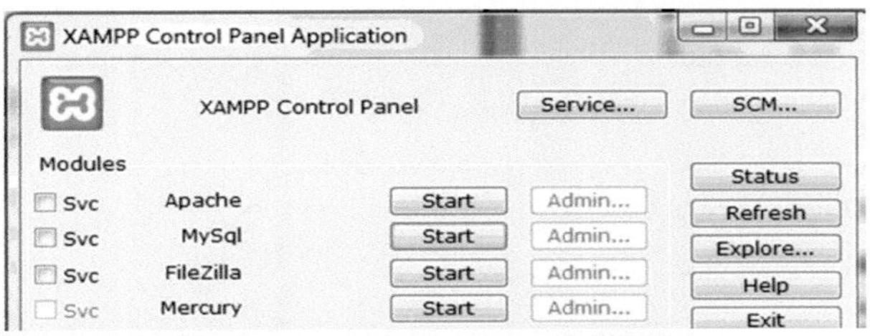

Abbildung 15: Das Control Panel von XAMPP

Klicken Sie nun auf „Start“ für die Programmteile „Apache“ und „MySql“. Achtung: Apache verhakt sich manchmal mit Skype! Mehr Infos im Internet dazu. Ggf. müssen Sie Skype updaten oder sogar entfernen, um XAMPP zum Laufen zu bekommen.

Eine MySQL-Datenbank anlegen (für die Installation zu Hause)

Sie müssen nun noch eine Datenbank für Joomla auf Ihrem PC anlegen. Dies ist möglich im Rahmen des XAMPP, das Sie bereits installiert haben. Die Datenbank ist das Gedächtnis von Joomla, dort legt das Programm alles ab, was es sich merken muss.

Dazu brauchen Sie das Programm phpmyAdmin, das Sie auf der Webseite: www.phpmyadmin.net bekommen.

Installieren Sie dieses Programm, indem Sie die neuste Programmdatei herunterladen und in diesen Ordner auspacken:

c:\apachefriends\xampp\htdocs\phpmyadmin

Öffnen Sie nun einen Webbrowser und gehen zur Webadresse http://localhost/phpmyadmin

Info: phpmyAdmin ist ein Programm, um MySQL-Datenbanken zu verwalten und zu bearbeiten. Das macht jedoch Joomla später alles von ganz allein für Sie. Sie müssen dann kein phpmyAdmin mehr benutzen. Sie brauchen dieses Programm nur für die Einrichtung der Testumgebung auf Ihrem PC.

Dort legen Sie eine neue Datenbank an und geben ihr den Namen „Joomla“. Unter dem Schriftzug „MySQL localhost“ (siehe Abbildung 16) tragen Sie dazu „Joomla“ in das Textfeld ein und klicken auf „anlegen“:

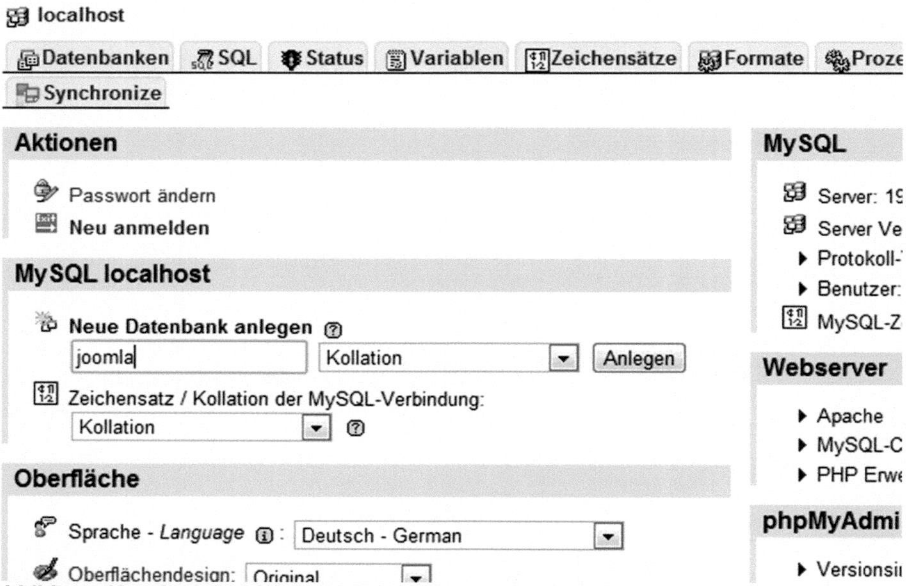

Abbildung 16: mit phpmyAdmin eine Datenbank anlegen

Ihre Joomla-Webseite auf Ihrem Computer können Sie nun aufrufen und bearbeiten.

Ihre Webseite erreichen Sie jetzt unter: http://localhost/joomla

4.3 Endlich Joomla installieren

Sie haben nun das Programmpaket von Joomla hochgeladen und entpackt (entweder in einem Verzeichnis in Ihrem Webspace oder auf Ihrer Festplatte), damit haben Sie allerdings lediglich die Dateien von Joomla an die richtige Stelle platziert – die aktive Installation müssen Sie noch ausführen.

Die Installation ist eigentlich ganz einfach, denn Joomla führt Sie Schritt für Schritt durch diese Installation, wenn Sie Ihre Seite das erste Mal aufrufen. Sie müssen dort einige Angaben bezüglich der MySQL-Datenbank machen (die Joomla braucht, um Daten über Ihre Webseite zu speichern), die Sie entweder selbst festlegen können oder von dem Anbieter Ihres Webspace bereits festgelegt wurden. Im Account Ihres Webspaces finden Sie in der Regel einen Menüpunkt „MySQL-Datenbanken“ o.ä., wo Sie neue Datenbanken anlegen und bestehende ändern können.

Rufen Sie nun Ihre Webseite auf, indem Sie die Url der Seite (z.B. www.IhreDomain.de) in einen Internetbrowser eintragen (oder für die Heiminstallation http://localhost/joomla eingeben. Joomla startet dann automatisch selbst mit der Installations-Routine und geleitet Sie durch verschiedene Abfragen und Bestätigungen. Die erste ist:

Abbildung 17: Wählen Sie zuerst die Sprache aus

Wählen Sie die Sprache und klicken oben rechts auf „Weiter". Nun prüft Joomla die Kompatibilität und die Ausstattung des Servers (Sie Abbildung 18).

Wenn Sie bei einem Anbieter sind, der ausdrücklich Joomla unterstützt, dann werden Sie hier im Wesentlichen alles in „grün" vorfinden.

Sollte es allerdings gerade im oberen Block „Installationsprüfung" auch Zeilen geben, in denen „Nein" steht, dann müssen Sie den Anbieter Ihres Webspaces kontaktieren, denn der muss ggf. weitere Einstellungen anpassen oder eine aktuellere Version von php (eine Programmiersprache wie html) für Sie freigeben. Denn bei dieser Prüfung wird erhoben, ob auch alle erforderlichen Elemente/Programme/Sprachen für den Betrieb von Joomla auf dem Server vorhanden sind.

Im unteren Bereich finden Sie empfohlene PHP-Einstellungen, die jedoch nicht unbedingt notwendig sind, um Ihre Joomla-Installation durchzuführen – es sind lediglich Empfehlungen, um eine möglichst Optimierte Funktion von Joomla zu erreichen. Wie Sie sehen, habe ich aktuell auch auf meinem Bildschirm nicht alle empfohlenen Einstellungen so wie empfohlen. Weitere Infos dazu finden Sie auf www.joomla-lernen.de. Klicken Sie erneut auf „Weiter" und gelangen zur Joomla-Lizenz (siehe Abbildung 19).

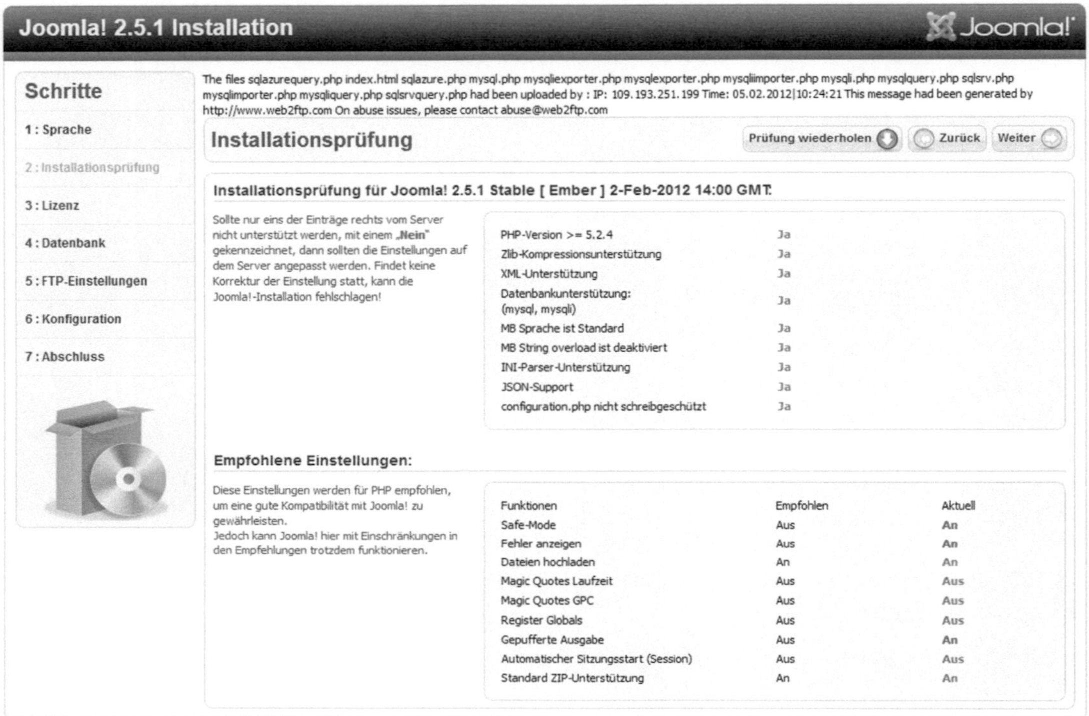

Abbildung 18: Joomla prüft die Installationsumgebung und den Server. Übrigens sehen Sie ganz oben noch eine Statusmeldung, die nicht zu Joomla gehört, sondern vom webFTP generiert wurde („The files sql…", was Sie nicht weiter stören muss und auch nur auftaucht, wenn Sie den webFTP nutzen.

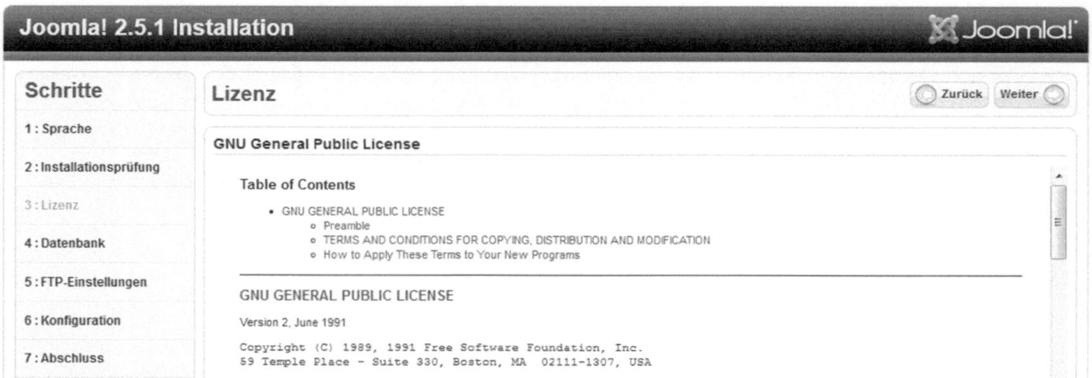

Abbildung 19: Die GNU-Lizenz

Im folgenden Bildschirm müssen Sie die Lizenzbedingungen von Joomla annehmen, was Sie aber bedenkenlos tun können. Sie können also Joomla problemlos nutzen. Allerdings sollten Sie immer auf Ihrer Webseite einen Hinweis stehen haben, indem Sie zum Beispiel in Ihrem Impressum darauf hinweisen, dass die Seite mit Joomla unter der GNU-Lizenz erstellt wurde. Klicken Sie auf „Weiter“.

Abbildung 20: Geben Sie die MySQL-Zugangsdaten ein.

Sie müssen nun eine MySQL-Datenbank für Joomla zur Verfügung stellen. Denn Joomla braucht diese als eine Art Gedächtnis, alle Angaben über den Inhalt Ihrer Webseite speichern zu können.

Entweder haben Sie die MySQL-Datenbank selbst angelegt (wenn Sie Joomla auf Ihrem PC laufen lassen) oder Sie erstellen eine MySQL-Datenbank in Ihrem Account bei einem Webspace-Anbieter. Dazu loggen Sie sich in Ihren dortigen Account ein und suchen die entsprechende Funktion. Dort erstellen Sie die MySQL-Datenbank und bekommen dann einen Benutzernamen/Passwort und einen Datenbanknamen, den Sie in die Installationsmaske von Joomla eingeben.

Den Punkt „Alte Datenbanktabellen“ können Sie vernachlässigen. Da Ihre MySQL-Datenbank frisch angelegt ist und keine Daten enthält, gibt es dort auch nichts zu sichern. Letztendlich brauchen Sie diese Funktion höchst selten, denn Sie sollten für jede Joomla-Installation eine frische Datenbank anlegen. Sonst ändert die neue Installation ggf. etwas an der bereits in der Datenbank bestehenden Daten und andere Anwendungen, die diese Datenbank benötigen, funktionieren dann nicht mehr. Nutzen Sie also für jede Joomla-Installation immer eine eigene, leere Datenbank! Klicken Sie anschließend auf „Weiter“.

Die Joomla-Installation prüft nun, ob die MySQL-Datenbank erreichbar ist und wenn dies erfolgt ist, geht es weiter zum nächsten Bildschirm, der „FTP-Konfiguration“:

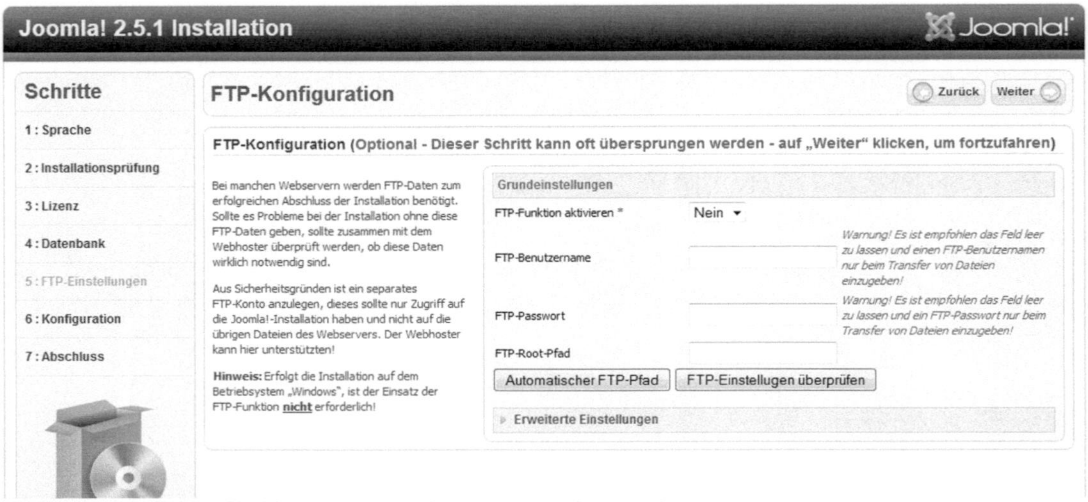

Abbildung 21: Geben Sie hier nur etwas ein, wenn es sein muss!

Wie bereits im Screen angemerkt, können Sie diesen Schritt überspringen. Wenn Sie dort Daten eintragen, dann hinterlegen Sie Zugangsmöglichkeiten zu dem Webspace, wo Ihre Joomla-Installation liegt. Kommen diese Daten in die falschen Hände, kann das bösen Schaden anrichten, da sich wildfremde Menschen dann Zugang zu Ihrem Webspace verschaffen können. Vermeiden Sie es also! Diese Funktion wurde eingerichtet, weil es ganz selten vorkommen kann, dass ein FTP-Zugang im Rahmen der Installation benötigt wird. Ich persönlich habe das noch nicht nutzen müssen. Klicken Sie also erneut auf „Weiter“:

Abbildung 22: Machen Sie noch ein paar wichtige Angaben, insbesondere zum Admin-Zugang.

In der dann sichtbaren „Hauptkonfiguration“ müssen Sie noch einen Namen für die Webseite festlegen. Geben Sie dort in wenigen Worten ein, um was es geht, also beispielsweise „Meine erste Joomla-Webseite“.

Weiterhin geben Sie Ihre Email und ein von Ihnen zu wählendes Passwort als Administratordaten an. Das sind die später von Ihnen benötigen Zugangsdaten zum Backend. Diese Angaben sind sehr wichtig! Im Zweifel notiere Sie sich diese Daten irgendwo, denn wenn Sie Ihr Administrator-Passwort verlieren, können Sie nur noch schwer etwas an Ihrer Seite verändern und müssen sie am ehesten wieder einstampfen, um ganz neu beginnen zu können.

Den Administrator-Name „admin“ sollten Sie aus Sicherheitsgründen ändern. Denn ansonsten kennt jeder Hacker, der herausgefunden hat, dass Ihre Webseite mit Joomla aufgebaut wurde, bereits die Hälfte des Backend-Zugangs und muss nur noch das Passwort herausfinden. Verwenden Sie jetzt als Beispiel Ihren Vornamen, später sollten Sie dann aber etwas Ausgefalleneres verwenden.

Etwas weiter unten sehen Sie den Button „Beispieldaten installieren“. Dieser ist speziell für Sie als Anfänger gedacht, um nicht nur das leere Grundgerüst einer Webseite zu installieren (so wie es Joomla eigentlich tut und dann von Ihnen die Inhalte dafür erwartet). Mit Hilfe der Beispieldaten können Sie das Grundgerüst Ihrer neuen Webseite gleich mit vielen Texten und anderen Dingen füllen und sich einen Eindruck davon verschaffen, wie eine Joomla-Webseite aussehen kann. Zur Übung sollten Sie diese Beispieldaten jetzt tatsächlich mal installieren (wählen Sie die „Eigene Beispieldaten: Deutsch“. Später, wenn Sie Joomla nutzen, um eine eigene Webseite aufzubauen, dann verzichten Sie auf die Beispieldaten. Nachdem Sie die Beispieldaten installiert haben, klicken Sie auf „Weiter“:

Abbildung 23: Sie haben die Installation fast abgeschlossen.

Sie sehen nun den Abschlussbildschirm der Joomla-Installation vor sich und müssen die dort gemachten Hinweise bedenken („Entferne das Installationsverzeichnis!“). Denn: Da Sie Ihre Seite jetzt installiert haben, müssen Sie das Verzeichnis „Installation“ in dem Order, indem Joomla nun läuft, noch löschen. Joomla braucht die darin enthaltenen Dateien nun nicht mehr. Klicken Sie daher auf den Button „Installationsverzeichnis löschen“.

Wählen Sie jetzt, was Sie zuerst ansehen wollen: „Website“ (=Frontend) oder „Administrator“ (=Backend). Mein Vorschlag: Klicken Sie zuerst mal auf „Website“ und sehen Sie sich das Ergebnis Ihrer Installation mit Beispieldaten an (Abbildung 24) und klicken ein bisschen in der Webseite herum, denn Sie finden dort bereits eine fertige und professionell aussehende Webseite. Achten Sie dabei besonders auf folgendes: Welche Inhalte sind im Kernbereich zu sehen und welche Inhalte können Sie eindeutig als Module identifizieren oder zumindest vermuten, dass es sich um ein Modul handelt?

Wenn Sie ein wenig Erfahrung mit Joomla haben, werden Sie an einer Joomla-Webseite auf Anhieb erkennen, wie diese in etwa strukturiert ist. Sehen Sie sich nochmal den Screenshot in Abbildung 7 an, dort habe ich alle Module gekennzeichnet und analog dazu finden Sie auch auf jeder einzelnen Webseite Ihrer frischen Joomla-Webpräsenz einen Kerninhalt mit darum herum angeordneten Modulen.

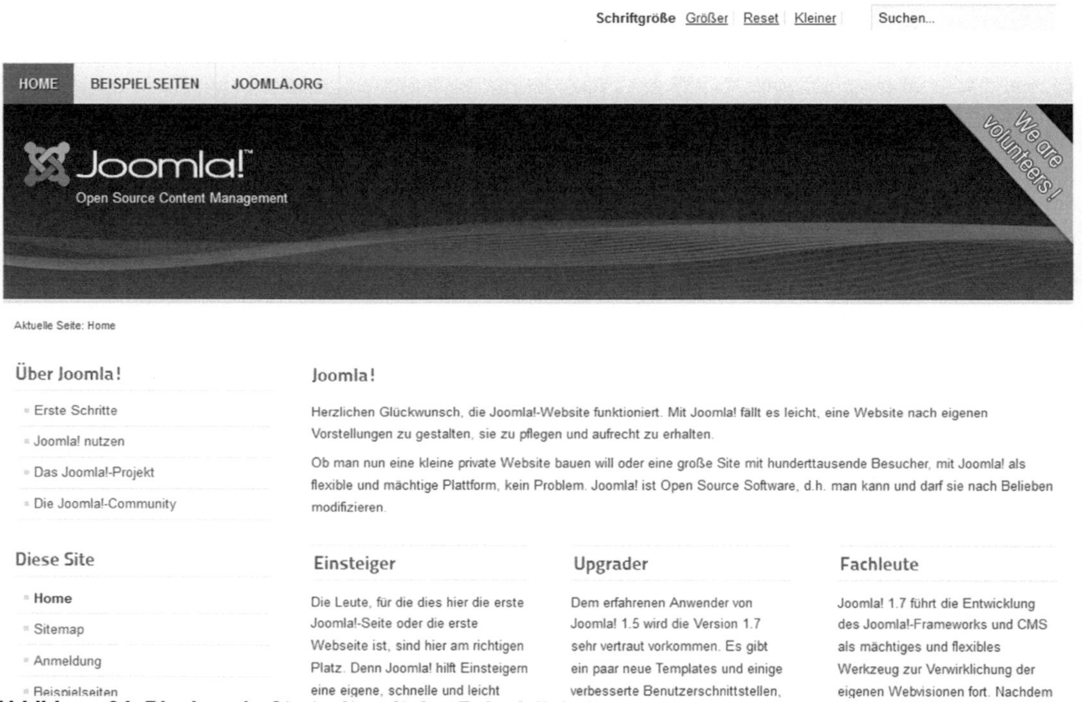

Abbildung 24: Die Joomla-Startseite mit den Beispielinhalten.

5. Joomla kennenlernen

Werfen Sie nochmal einen Blick auf das Frontend der Beispiel-Seite. Und merken Sie sich: Jede Joomla-Webseite hat einen ihr zugeordneten Menüpunkt! Der Startseite Ihrer Webseite ist der Menüpunkt „Home“ im Menü „Diese Site“ zugeordnet. Das erkennen Sie an der Pfadangabe („Aktuelle Seite: Home“) links unterhalb des blauen Banners und an der Hervorhebung des Menüpunktes „Home“ im Menü „Diese Site“.

Dieses Konzept ist sehr wichtig für das Verständnis von Joomla. Machen Sie deshalb eine Übung und klicken Sie auf der Beispielwebseite umher. IMMER gehört zu der gerade von Ihnen betrachteten Webseite ein eindeutiger Menüpunkt. Nämlich in der Regel der, über den Sie die Seite gerade betreten haben. Und dieser Zusammenhang ist logisch: Denn zu jeder Webseite gehört auch ein Weg, diese zu betreten – und das erfolgt durch einen Menüpunkt in einem Menü.

In Joomla findet sich diese Zuordnung auch, wenn Sie eine neue Seite anlegen wollen: Sie erstellen immer eine neue Webseite, indem Sie einen neuen Menüpunkt in einem Menü anlegen. Umgekehrt richtet sich die

Grundstruktur Ihrer Joomla-Webseite immer nach der Menüstruktur: Wenn Sie ein Menü mit 5 verschiedenen Menüpunkten haben, dann besteht Ihre Joomla-Webseite auch aus 5 verschiedenen Webseiten.

Bewegen Sie sich nun in das Backend Ihrer Webseite (den wirklich interessanten Bereich!), indem Sie an die Webadresse der Startseite einfach „/administrator“ anhängen. Ist Ihr Frontend unter http://www.IhreDomain.de erreichbar, dann ist das http://www.IhreDomain.de/administrator. Verwenden Sie Joomla lokal auf Ihrem PC, dann ist das: http://localhost/joomla/administrator (sofern Sie Joomla im Ordner „joomla“ installiert haben). Sie werden dann zur Angabe von Benutzernamen und Passwort für den Zugriff auf das Backend aufgefordert:

Abbildung 25: Der Login in das Backend von Joomla

Sie gelangen dann in die Startoberfläche des Backend:

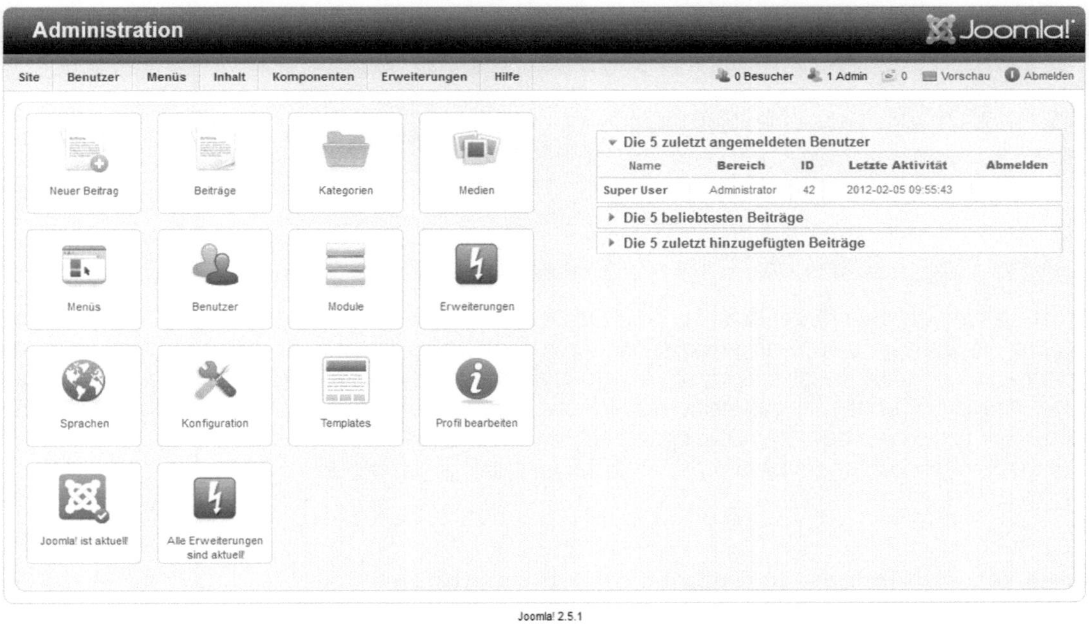

Abbildung 26: Das Backend von Joomla 2.5

Grundsätzlich können Sie jetzt auch erst mal eine kleine Verschnaufpause einlegen und sich im Backend ein wenig umsehen. Die meisten Dinge sind ziemlich sinnvoll beschriftet und der Sinn erschließt sich ein wenig aus den Dingen selbst heraus. Und solange Sie nicht irgendwo auf „löschen“ oder „deaktivieren“ oder etwas Ähnliches klicken, können Sie eigentlich auch nichts kaputt machen. Und selbst wenn: Noch ist Ihre Seite ja ganz frisch. Sollten Sie es schaffen, die Seite zu zerstören oder irgendwie unbrauchbar zu machen, dann löschen Sie einfach alle Daten aus dem Verzeichnis, in dem Sie Joomla installiert haben, entfernen die MySQL-Datenbank und fangen noch mal von vorne an. Lieber jetzt und mit den Beispieldaten, als später mit Ihrer eigenen Webseite!

Die Ansicht des Backends mag auf den ersten Blick verwirrend sein, bald werden Sie sich hier aber schon sehr wohl fühlen und ohne großes Nachdenken von einem Bereich zum anderen klicken und wie selbstverständlich mit wenigen Handgriffen wesentliche Dinge an Ihrer Internetseite gestalten können.

Zur Klärung wichtiger Begriffe, möchte ihn Ihren Blick auf die Menüzeile oben links im Backend richten. Dort finden Sie Menü-Punkte wie „Site“, „Benutzer“, „Menüs“ etc. Dieses Menü werde ich weiterhin als Backend-Menü bezeichnen. Dann wissen Sie, dass Sie dort klicken müssen. Um die Schreibweise zu vereinfachen, werde ich statt „Klicken Sie auf den Untermenüpunkt „Neuer Beitrag“ im Menüpunkt „Beiträge“ im Menüpunkt „Inhalt““ schreiben: Klicken Sie auf „Inhalt >> Beiträge >> Neuer Beitrag.

Nehmen Sie sich nun einige Minuten Zeit und klicken Sie einfach mal durch die verschiedenen Buttons durch, die Sie sehen. Sie erkennen schnell, dass Sie hier wirklich alles steuern können. Zur Administrationsoberfläche kommen Sie jederzeit zurück, indem Sie im Backend-Menü auf „Site >> Kontrollzentrum“ klicken.

Über das Backend-Menü können Sie alle relevanten Funktionen erreichen – einige wichtige sind zusätzlich auch durch die Buttons erreichbar, die Sie im Kontrollzentrum finden. Diese Buttons werden Sie aber kaum nutzen, denn dazu müssten Sie immer wieder zuerst zum Kontrollzentrum zurückkehren, wenn Sie irgendwo an einer anderen Stelle tief im Backend arbeiten. Viel einfacher ist das Navigieren über die (seit Joomla 1.6 kontinuierlich verbesserten) Dropdown-Menüpunkte im Backend-Menü.

Übrigens finden Sie rechts oben im Backend noch:

Abbildung 27: Einige Sonderfunktionen und Infos im Backend

„Besucher“ gibt an, wie viele Nutzer sich gerade im Frontend Ihrer Webseite eingeloggt haben, „Admin“ zeigt, wie viele Nutzer im Backend gerade eingeloggt sind, neben dem (etwas schlecht zu erkennenden) Symbol des Briefumschlages finden Sie die Information, ob eine Nachricht für Sie vorliegt und mit dem Link „Vorschau“ können Sie in einem neuen Browserfenster das Frontend Ihrer Webseite betrachten. Das ist besonders nützlich, wenn Sie im Backend etwas ändern und dann die Auswirkungen auf das Frontend betrachten möchten. „Abmelden“ erklärt sich von selbst und sollte von Ihnen am Ende der Arbeit im Backend stets genutzt werden.

6. Neue Inhalte ordnen, erstellen und online stellen

Nachdem Sie nun ein paar Blicke in Frontend und Backend geworfen haben, möchte ich mit Ihnen gleich in die Praxis einsteigen und erste Veränderungen an der von Ihnen installieren Joomla-Webseite vornehmen.

Wesentliche Inhalte von Joomla sind so genannte „Artikel", d.h. Textbeiträge, die auch Bilder oder andere Elemente enthalten können aber doch meistens mehrheitlich aus Text bestehen. Diese Artikel sind in ein flexibles Kategorien-System geordnet.

6.1. Die Kategorien – Ordnungssystem für Artikel (und fast alle anderen Elemente in Joomla)

Da Sie mit der Zeit eine immer größere Anzahl von Artikeln auf Ihrer Webseite veröffentlichen werden, macht es Sinn, diese von Anfang an in einer klaren Struktur zu ordnen. Das macht das spätere Auffinden von Artikeln einfacher und erleichtert den Überblick. Daher finden Sie in Joomla ein von Ihnen nahezu unbegrenzt nutzbares und erweiterbares Kategoriensystem, das ähnlich funktioniert wie die Ordner-Struktur einer Festplatte: Sie können beliebig viele Ordner und Unter-Ordner anlegen und Artikel in diese Ordner einsortieren. Um sich die bestehenden Kategorien der Beispielinhalte anzusehen, klicken Sie im Backend-Menü auf „Inhalte >> Kategorien":

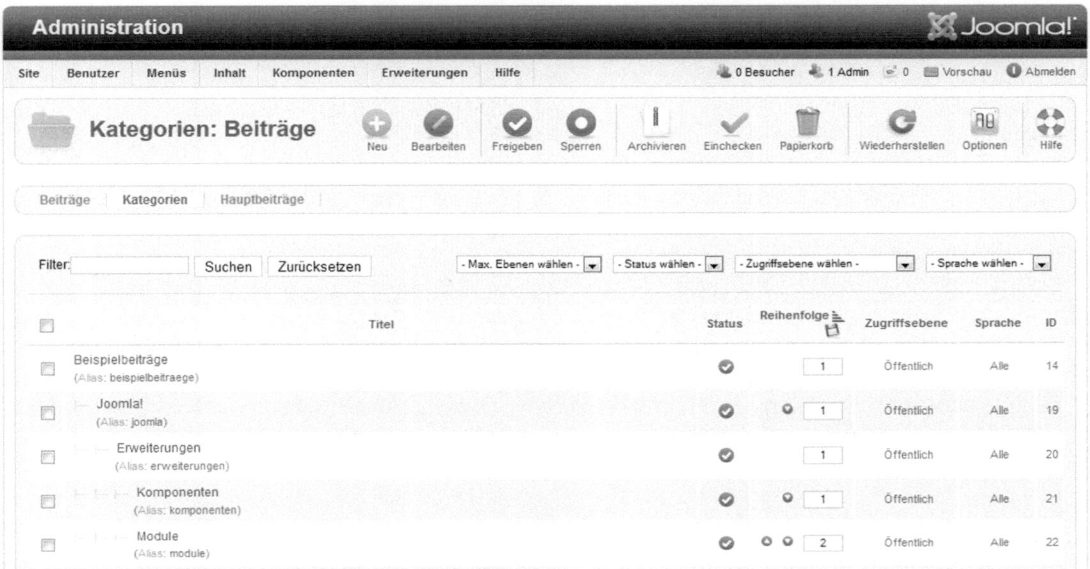

Abbildung 28: Die bereits angelegten Kategorien.

Bevor Sie den Blick auf die Kategorien lenken, betrachten Sie die Buttons rechts neben der Überschrift „Kategorien: Beiträge". Diese sind beschriftet mit „Neu", „Bearbeiten", „Freigeben" etc. An dieser Stelle finden Sie überall im Backend verschiedene, wichtige Funktionen bezogen auf die grade angezeigten Elemente. Aktuell finden Sie dort also Funktionen, die sich auf das Kategoriensystem beziehen. Im Folgenden bezeichne ich diese Buttons als „Funktionsleiste". Schauen Sie sich nun die Einträge in der Kategorien-Liste an:

Sie erkennen eine Kategorie „Beispielbeiträge", die eine Unterkategorie „Joomla!" besitzt. Diese wiederum hat eine Unterkategorie „Erweiterungen" und diese wiederum mehrere Unterkategorien. Sie können so einen beliebig verzweigten Baum erstellen.

In der Spalte „Status" erkennen Sie, ob eine Kategorie tatsächlich aktiv genutzt werden kann oder inaktiv ist. In der Spalte „Reihenfolge" können Sie die Reihenfolge der Elemente verändern. Dies tun Sie, indem Sie auf die kleinen, blauen Pfeile klicken (probieren Sie es aus!) oder indem Sie die Zahlen in den Eingabefeldern dahinter ändern und auf das Diskettensymbol oberhalb der Spalte klicken. Das ist relevant, wenn Sie im Frontend eine Liste von mehreren Kategorien anzeigen wollen und dann so die Reihenfolge in der Liste beeinflussen können. Weiterhin erkennen Sie noch eine Angabe über die Zugriffsebene und die Sprache. Dazu später mehr.

Werfen Sie außerdem noch einen Blick auf die Filter-Zeile oberhalb der Liste von Kategorien (bestehend aus einem „Suchen“-Feld und mehreren Dropdown-Filtern. Dort können Sie (wenn Sie irgendwann einmal eine unüberschaubare Anzahl von Elementen in Ihrer Liste haben) gezielt nach bestimmten Einträgen suchen. Dazu geben Sie entweder ein Suchwort in das Eingabefeld ein und klicken auf „Suchen“ oder Sie nutzen eines oder mehrere der Dropdown-Felder „Ebene“, „Status“, „Zugriffsebene“ oder „Sprache“. Probieren Sie es einfach mal aus.

Achtung: In Joomla finden Sie die beschriebenen Elemente der Funktionsleiste und der Filter-Zeile, sowie die Spalten des „Status“, der „Reihenfolge“ und der „Zugriffsebene“ in vielen Übersichtslisten. Sei es die hier gezeigte Übersichtsliste alle Kategorien, oder aller Artikel oder aller Benutzer oder, oder, oder...

Die Funktionsweise der Buttons ist dabei immer gleich, je nach angezeigten Elementen finden Sie aber den einen oder anderen zusätzlichen Button oder eine zusätzliche Filteroption.

6.2. Übung: Einen eigenen Text erstellen

Nachdem Sie nun die vorhandenen Kategorien angesehen haben, sollten Sie einen eigenen Text schreiben und diesen auf die Webseite bringen. Klicken Sie dazu im Backend-Menü auf „Inhalt >> Beiträge >> Neuen Beitrag“ (Abbildung 29).

Im unteren Bereich des Screenshots erkennen Sie einen Texteditor, der einfach zu bedienen ist, sofern Sie mit einem gängigen Textverarbeitungsprogramm vertraut sind. Oberhalb davon finden Sie einige organisatorische Angaben. An den mit einem (*) gekennzeichneten Merkmalen sehen Sie, dass Sie zumindest einen Titel und eine Kategorie wählen müssen.

Werfen Sie noch einen Blick auf das „alias“. Sie brauchen da jetzt nichts einzugeben (Joomla erstellt dann ein Alias aus dem von Ihnen eingegebenen Titel des Artikels, aus „Mein Artikel“ wird dann zum Beispiel das Alias „mein-artikel“), aber das Alias könnte später einmal wichtig werden. Denn es wird bei Joomla je nach den von Ihnen getroffenen Einstellungen dazu verwendet, die Url (=Webadresse zu der Webseite, die den betreffenden Artikel später zeigt) zu generieren. Das kann aus Gründen der Suchmaschinenoptimierung interessant sein. Lesen Sie dazu mehr im Abschnitt „Suchmaschinenoptimierung“.

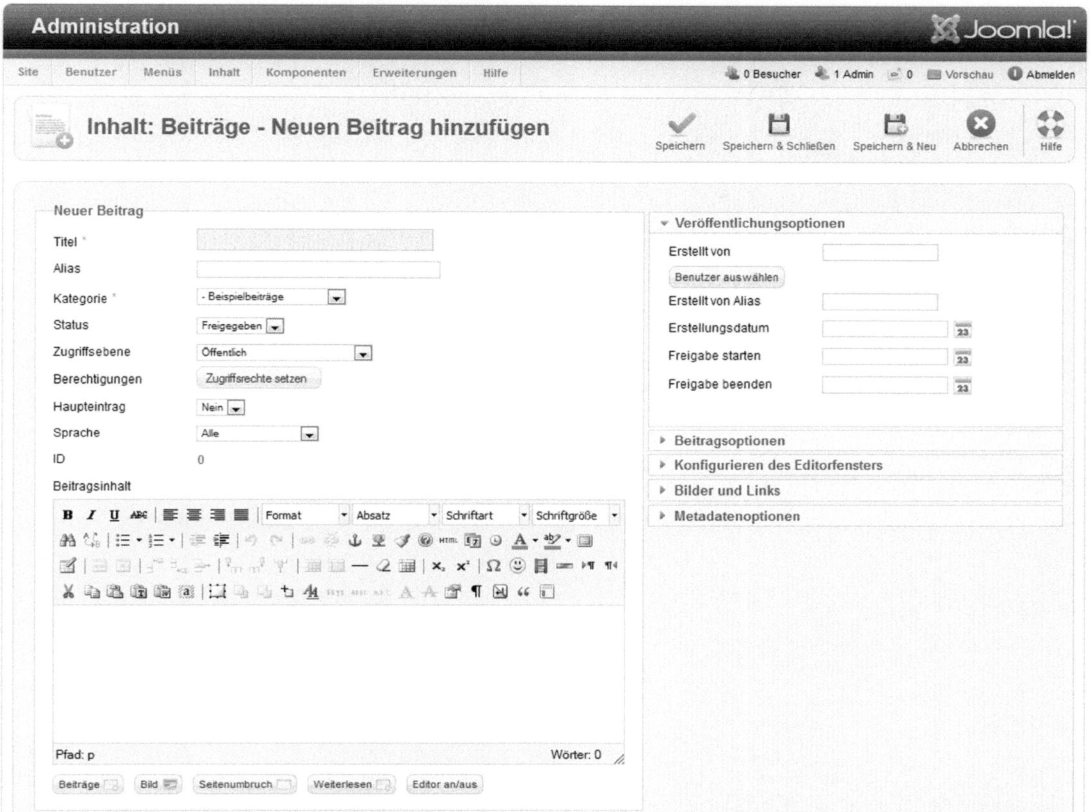

Abbildung 29: Der Editor zur Erstellung eines neuen Beitrages. Beachten Sie rechts die Punkte „Veröffentlichungsoptionen“, „Beitragsoptionen“ usw. und die 5 Buttons unterhalb des Texteditors.

Weiterhin können Sie eine Zugriffsebene ändern (belassen Sie jetzt den Wert „Öffentlich“) und die Zugriffsrechte für diesen Artikel speziell regeln (welche Besucher Ihrer Webseite dürfen den Artikel im Frontend einsehen und welche nicht). Mehr dazu im Kapitel über die Benutzerrechte.

Dazwischen versteckt sich die Option „Haupteintrag“. Diese können Sie verwenden, um besonders wichtige Beiträge hervorzuheben und auf der Startseite Ihrer Webpräsenz zu zeigen. Setzen Sie diese Option jetzt auf „ja“, und nutzen Sie den Texteditor, um folgenden kurzen Text zu erstellen:

„Hallo, das ist meine erste Webseite mit Joomla“. Tragen Sie als Titel des Artikels „Mein Artikel“ ein. Klicken Sie dann auf „Speichern“[10] (die Kategorie-Einstellung belassen Sie so, dann befindet sich Ihr Artikel in der Kategorie „Beispielbeiträge“) und schauen Sie sich das Frontend an:

---

[10] In der Funktionsleiste finden Sie auch die Buttons „Speichern & Schließen“ und „Speichern & Neu“. Ersterer bringt Sie zurück zur Artikelübersicht, letzterer öffnet gleich einen neuen Artikel-Editor, was praktisch ist, wenn Sie viele Artikel nacheinander erstellen wollen. Dann müssen Sie nicht jedes Mal erst auf „Speichern“, dann „Schließen“ und dann „Neu“ klicken. Wenn Sie an einem Artikel/Element arbeiten und die Auswirkungen im Frontend ansehen wollen, nutzen Sie immer den Button „Speichern“, denn dann können Sie bei Bedarf direkt weiter an dem Artikel/Element arbeiten und müssen es nicht erst wieder öffnen.

Abbildung 30: ihr Artikel erscheint als erster auf der Startseite.

Achtung: Wenn das bei Ihnen nicht funktioniert, prüfen Sie, ob Sie die Option „Hauptbeitrag" wirklich auf „ja" gesetzt haben.

So einfach können Sie also Infos auf einer Joomla-Webseite veröffentlichen. Übrigens erscheint der Artikel als erster, da er der jüngste ist. Die Reihenfolge und auch das Layout (hier ein Artikel oben, darunter 3 Artikel in Spalten) legen Sie in den Einstellungen des Menü-Punkte der jeweiligen Seite fest (deshalb ist es so wichtig, dass Sie verstehen, dass jeder Webseite immer ein Menüpunkt zugeordnet ist). Da Sie sich aktuell auf der Webseite befinden, die dem Menüpunkt „Home" zugeordnet ist, suchen Sie diesen auf und klicken Sie ihn an: „Menüs >> Hauptmenü" Sie sehen dann eine Liste der Menüpunkte des Hauptmenüs. Klicken Sie auf den Namen des obersten Eintrages: „Home". Auf die genauen Details der Menüpunkte kommen wir später, sehen Sie sich im rechten Teil des Bildschirms die „Einstellungen des Layouts" an (siehe Abbildung 31):

Abbildung 31: Bestimmen Sie das Layout der jeweiligen Webseite.

Kehren Sie jetzt wieder zu Ihrem Beitrag zurück, indem Sie ihn in der Beitragsübersicht unter „Inhalt >> Beiträge" suchen. Tja, und das kann schwierig werden, denn die Liste der dort zu sehenden Artikel ist lang. Sie müssen nun die Filter-Leiste einsetzen. Mit den Dropdown-Feldern kommen Sie da nicht weiter, geben Sie daher den Titel Ihres Artikels oder einen Teil des Titels in das Suchfeld ein und klicken Sie auf „Suchen" und schon wird Ihr Artikel in der Liste angezeigt. Öffnen Sie die Detailansicht, indem Sie auf den Namen des Artikels klicken. Nutzen Sie nun wieder den Text-Editor, um den Artikel zu verändern.

Ein Bild einfügen

Jetzt sollen Sie ein Bild in den Artikel einfügen. Nutzen Sie dafür den Button „Bild" unterhalb des Texteditors. Dieser wird dort übrigens durch ein bereits erwähntes Plugin realisiert. Klicken Sie darauf, nachdem Sie den Cursor an die Stelle des Textes bewegt haben, an der Sie ein Bild einfügen möchten:

Abbildung 32: Fügen Sie ein Bild in den Text ein.

Sie sehen nun eine Ansicht der Elemente im Verzeichnis /images Ihrer Joomla-Installation[11]. Sie können eines der vorhandenen Bilder auswählen oder ein neues hochladen, indem Sie im unteren Bereich mittels „Durchsuchen" ein Bild auf Ihrem PC auswählen und dann mit „Hochladen starten" in das Median-Verzeichnis von Joomla kopieren. Das können Sie später noch tun, wählen Sie jetzt das ganz rechte Bild auf und klicken Sie auf „Einfügen". Sie erkennen das Bild sofort im Texteditor an der Stelle, an der Sie zuvor den Cursor platziert hatten. Möchten Sie nun

[11] Standardmäßig ist es so eingestellt, dass sich diesem Verzeichnis alle Bilder Ihrer Joomla-Webpräsenz befinden. Sie können dort weitere Unterordner erstellen und so Ihre Bilder verwalten. Möchten Sie Ihre Bilder zukünftig aber ganz woanders abspeichern, können Sie diesen Pfad „/images" in den „Optionen" im Backend-Menü unter „Inhalt >> Medien" verändern.

die Einstellungen des Bildes bearbeiten, dann markieren Sie das Bild durch einen Doppelklick und wählen dann im Editor den Button zur Bildbearbeitung aus (ein kleines Bäumchen):

Abbildung 33: Mit diesem Button ändern Sie die Eigenschaften des markierten Bildes.

Es öffnet sich ein Pop-up-Fenster. Klicken Sie auf den Reiter „Aussehen“ (Abbildung 34).

Hier können Sie einstellen, wie die Ausrichtung des Bildes im Text sein soll, wie groß es dargestellt werden soll, ob etwas Platz zwischen Bild und Text sein soll, ob es einen Rahmen haben soll usw. Probieren Sie etwas aus.

Beachten Sie dabei: Wenn Sie die Ausmaße eines Bildes ändern (z.B. 100 x 100 Pixel eingeben, obwohl Sie das Bild mit 150 x 200 Pixel in im Verzeichnis /Images gespeichert haben), kann das die Ladezeiten Ihrer Webseite verlängern und teilweise auch zu hässlichen Verzerrungen der Bilder führen. Besser ist es da, die Bilder in einem Bildbearbeitungsprogramm auf die gewünschte Größe (so wie sie tatsächlich auf der Webseite angezeigt werden sollen) zu verändern und dann in Joomla in unveränderten Ausmaßen zu verwenden. Weiterhin empfehle ich Ihnen einen horizontalen Abstand von 5 Pixeln zwischen Bild und Text, damit der Text nicht direkt am Bild „hängt“. Das verbessert die Lesbarkeit.

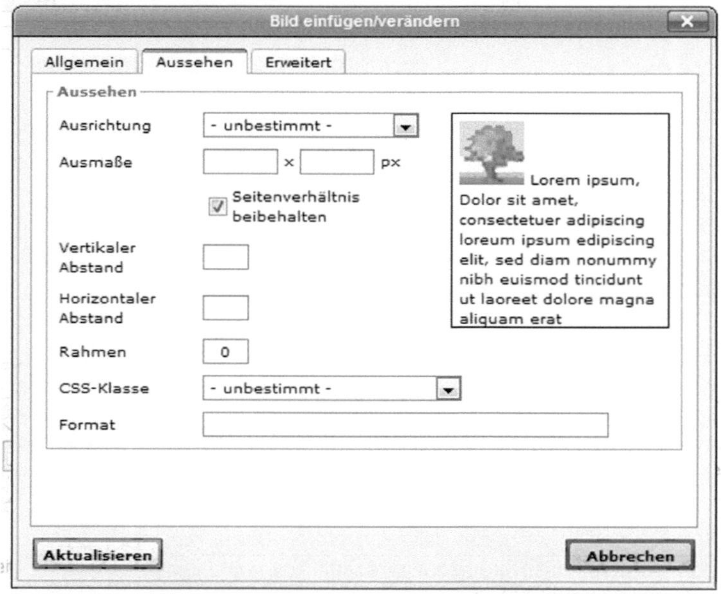

Abbildung 34: Der Reiter "Aussehen" im Pop-Up-Fenster

Einen Link einfügen

Webseiten leben ja von „Links“, d.h. Nutzer klicken auf einen Schriftzug oder ein Bild und werden an eine andere Stelle der Webseite weitergeleitet oder landen sogar auf einer ganz anderen Domain.

Das Einfügen von Links in einen Beitrag/Artikel von auf einer Joomla-Webseite ist zum Glück ganz einfach: Markieren Sie im Texteditor eines Artikels entweder ein Bild oder eine Textstelle, an der Sie einen Link einsetzen möchten. Als Übung markieren Sie in Ihrem Artikel das Wort „Webseite“. Um dann den Link einzufügen, klicken Sie auf das Symbol der liegenden „8“ oder einer Kette in den Funktionsbuttons des Editors.

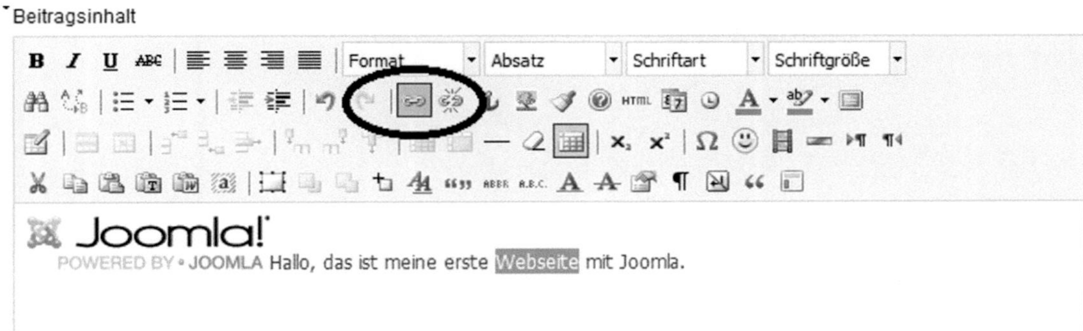

Abbildung 35: Der Button zum Einfügen eines Links in die markierte Textstelle.

Wenn Sie darauf klicken, öffnet sich ein neues Fenster, in dem Sie in die erste Zeile die Adresse des Links eintragen müssen (siehe Abbildung 36).

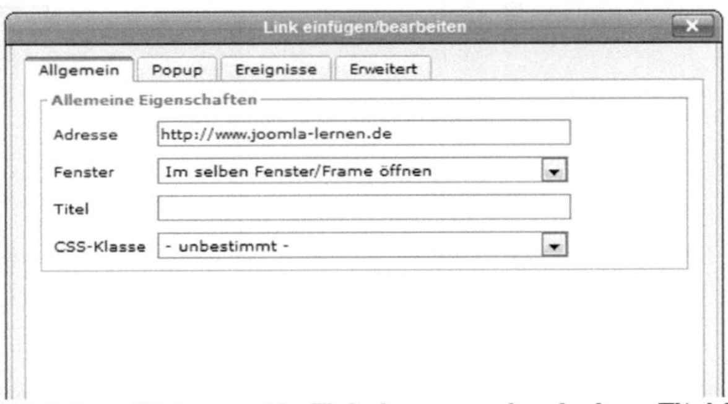

Abbildung 36:Legen Sie Zieladresse und ggf. einen Titel für den Link fest.

D.h. dort kommt die Webadresse rein (z.B.: http://www.joomla-lernen.de), auf die derjenige geführt werden soll, der auf diesen Link später klickt. Sie können auch noch einen Titel angeben, dieser wird dann als Tooltip angezeigt, wenn jemand später den Mauszeiger über dem Link im Frontend positioniert. Übrigens hat der Titel eines Links keinen relevanten Effekt auf die Suchmaschinenoptimierung der Webseite. Dafür ist vielmehr der sog. „Anker-Text“ sehr wichtig. Das ist der Textteil, den Sie markiert haben und der nun den Link trägt. Der Ankertext Ihres Links zu www.joomla-lernen.de ist demnach „Webseite“, wenn Sie es genauso machen wie in Abbildung 35. Mehr dazu im Abschnitt über Suchmaschinenoptimierung.

Bestätigen Sie die Eingabe mit einem Klick auf den Button „Einfügen“ und schon ist Ihr Link platziert. Um einen Link wieder zu löschen, platzieren Sie den Cursor in dem Link (oder markieren die entsprechende Grafik), und klicken den Funktionsbutton direkt rechts neben dem Button „Link einfügen“, das so aussieht wie ein gesprengtes

Kettenglied. Vollziehen Sie das nach, indem Sie einen Link einfügen mit dem Ankertext „Webseite“, diesen im Frontend ausprobieren und anschließend wieder aus dem Text löschen.

Der „Weiterlesen“-Button

Nachdem Sie nun ein Bild eingefügt haben, möchte ich Ihnen noch einen weiteren wichtigen Button in der Reihe unterhalb des Editorfensters vorstellen, den „Weiterlesen“-Button. Platzieren Sie dazu den Cursor im Text an das Ende der von Ihnen geschriebenen Zeile und klicken auf den Button „Weiterlesen“.

Es erscheint nun eine rote Linie im Editorfenster und Sie können unterhalb dieser Linie weiterschreiben.

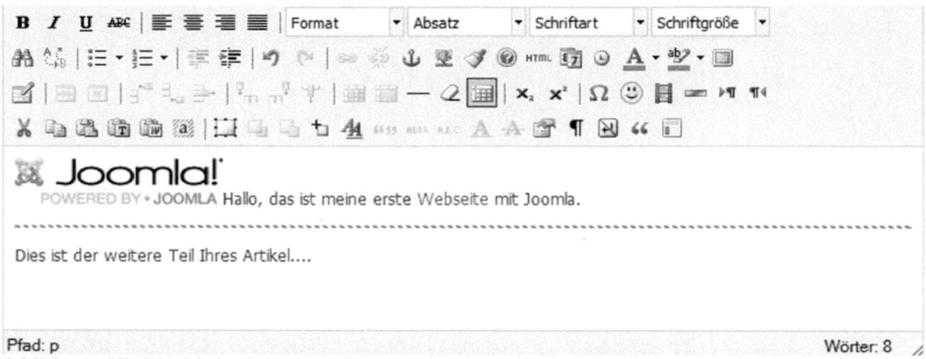

Abbildung 37: Die Linie trennt zukünftiges Intro und weiteren Teil Ihres Artikels.

Schreiben Sie dort einen beliebigen Satz hin, klicken Sie auf „Speichern“ und sehen Sie sich das Ergebnis im Frontend an:

Abbildung 38: Die Funktion des "Weiterlesen"-Buttons.

Sie sehen, dass nur das Intro Ihres Artikels (Teil vor der roten Linie) angezeigt wird, während der ganze Artikel erst angezeigt wird, wenn Sie auf den Button „Weiterlesen: Mein Artikel“ klicken. Diese Funktion ist also eine gute Möglichkeit, Ihre Artikel auf einer Webseite anzubieten, ohne übermäßig viel Platz in Anspruch zu nehmen. Nutzer, die das angezeigte Intro interessant finden, können dann auf eigenen Wunsch den kompletten Artikel einsehen.

Zurück zum Texteditor in der Artikel-Detailansicht: Weiterhin finden Sie unterhalb des Text-Editors noch die Buttons „Beiträge“, „Seitenumbruch“ und „Editor an/aus“.

Mit „Beiträge“ fügen Sie in den Text an der Stelle, an der sich der Cursor gerade befindet, den Namen eines anderen Beitrages ein und einen Link zu diesem Beitrag.

„Seitenumbruch“ können Sie nutzen, um einen langen Text zu strukturieren und in mehrere Seiten zu unterteilen. Platzieren Sie dazu den Cursor an der Stelle, an der Sie den aktuellen Text durch einen Seitenumbruch trennen wollen und klicken Sie auf den Button. Sie müssen dann die Angaben „Seitentitel“ und „Inhaltsverzeichnis“ angeben. Diese verwendet Joomla dazu, der (durch Abtrennung) neu entstehenden Seite Ihres Textes einen Titel zuzuweisen und weiterhin ein kleines Inhaltsverzeichnis am Rand des Artikels im Frontend zu erstellen, bei dem jede von Ihnen erstellte neue Seite mit dem Begriff, den Sie unter „Inhaltsverzeichnis“ angegeben haben, aufgeführt wird. Probieren Sie es einfach aus, indem Sie einen wahllosen Text in Ihren Artikel kopieren und diesen an verschiedenen Stellen durch einen Seitenumbruch unterteilen und sich das anschließend im Frontend anzusehen.

Sonstige Editor-Funktionen

Aus Platzgründen möchte ich nicht auf jeden Button im Text-Editor eingehen. Die meisten sind selbsterklärend und sollten von Ihnen genutzt werden, um Texte zu strukturieren. Gut brauchbar ist der Button „Horizontale Linie“, der sich rechts unterhalb des „Link entfernen“ Buttons befindet. Dadurch können Sie eine durchgehende horizontale Linie in einen Text einfügen und diesen so in verschiedene Abschnitte strukturieren. Weiterhin sollten Sie Texte durch das Verwenden von Aufzählungen (Button in der zweiten Zeile an dritter Stelle von links) und Überschriften (drittes Dropdown-Feld von rechts in der ersten Zeile) strukturieren, um die Lesbarkeit zu verbessern.

Ebenfalls nützlich ist der Button „html“ (Zweite Zeile, sechster Button von rechts), mit dem Sie den Beitrag im html-Format ansehen können. Mit der Zeit werden Sie die dortigen Angaben besser verstehen und können dort auch selbst Formate ändern oder angeben. Manchmal kann es auch nötig sein, in diesem Editor einen Text zu erstellen und dann den html-Text mittels Copy/Paste in eine andere Anwendung/Erweiterung zu kopieren (da dort z.B. die Eingabe von html-Text nötig ist).

Die Beitragsoptionen

In Joomla können Sie beinahe Monate damit verbringen auszuprobieren, auf welche verschiedenen Arten und Weisen Sie das Erscheinungsbild eines Artikels im Frontend beeinflussen können. Sie haben bereits die Möglichkeiten des Seitenumbruchs und der Weiterlesen-Funktion kennengelernt. Gehen Sie in die Detailansicht Ihres erstellten Beitrags und klicken rechts auf den Reiter „Beitragsoptionen“. Einen Screenshot erspare ich Ihnen aus Platzgründen.

Sie finden eine lange Liste von Optionen, angefangen mit „Titel“ bis hin zu „Linkpositionierung“. Überall steht dort „Globale Einstellung“, d.h. es werden für diesen Artikel die Einstellungen übernommen, die Sie in den Optionen für alle Artikel gemeinsam festgelegt haben). Sie können jedoch alternativ im Drop-Down-Feld „Verbergen“ oder „Anzeigen“ auswählen, um eine von den globalen Einstellungen abweichende Darstellung anzuwenden. Wenn Sie möchten, probieren Sie ein paar Möglichkeiten aus und sehen sich das Ergebnis im Frontend an (Speichern nicht vergessen, sonst sind die Änderungen nicht wirksam).

Klicken Sie dann im Backend-Menü auf „Inhalt >> Beiträge“ und gelangen so zur Beitragsübersicht. Sie finden nun in der Funktionsleiste einen Button „Optionen“:

Abbildung 39: Die Funktionsleiste der Artikelübersicht.

Klicken Sie auf den Button, um die globalen Anzeigeoptionen für alle Artikel zu bearbeiten:

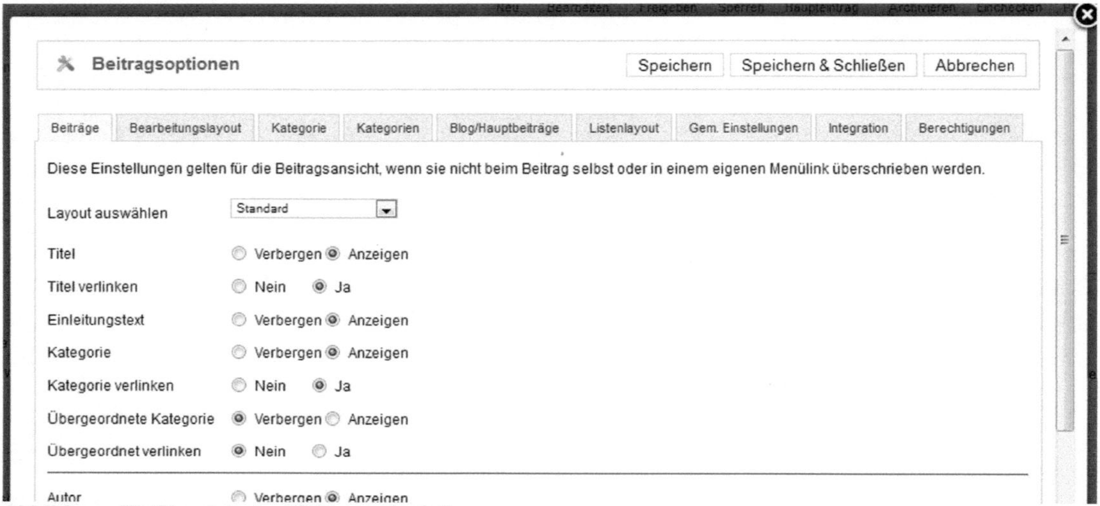

Abbildung 40: Die globalen Beitragseinstellungen

Bitte haben Sie Verständnis, dass ich nicht alle Punkte erläutern kann. Dankenswerterweise gibt es sehr aufschlussreiche Tooltips zu jeder Option, die Sie nutzen können, um etwas über die Funktion zu erfahren. Sie können diese Tooltips einsehen, indem Sie den Mauszeiger auf die jeweilige Option bewegen:

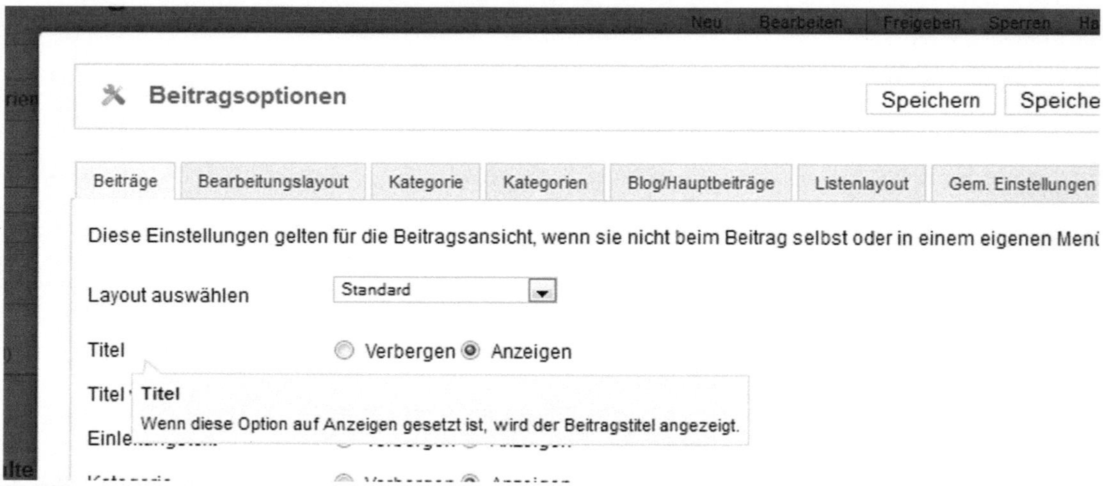

Abbildung 41: Tooltips erleichtern die Arbeit.

Und letztendlich können Sie alles ausprobieren. Die allermeisten der Optionen werden Sie kaum brauchen, aber es macht Sinn, wenn Sie sich alles anschauen, um einen Eindruck von den Möglichkeiten zu bekommen.

Erinnern Sie sich noch an die Einstellungen zur Ansicht der Artikel auf Ihrer Startseite (einer oben breit und darunter 3 in spalten), die Sie verändert haben, um die Artikel anders darzustellen? Das haben Sie damals für den jeweiligen Menüpunkt getan, können es aber beispielsweise hier in den Einstellungen auch global für alle „Blog-Ansichten“ Ihrer Webseite tun. Klicken Sie dazu auf den Reiter „Blog/Hauptbeiträge“.

Grundsätzlich gilt: Sie können an den verschiedensten Stellen auf diese Einstellungen zugreifen. Sie können diese in der hier gezeigten Ansicht global für alle Bereiche der Webseite anpassen, können es für jede Kategorie, für einzelne Menüpunkt und letztendlich für einzelne Beiträge dann individuell anpassen. Joomla zeichnet sich auch hier als extrem flexibles (aber dafür manchmal nicht ganz leicht zu durchschauendes Tool) aus.

7. Menüpunkte erstellen

Zu Beginn dieses Abschnitts wieder einmal ein paar konzeptionelle Erklärungen. Extrem wichtig für das Verständnis der Arbeitsweise von Joomla ist folgendes (Sie haben es auch schon gehört):

Eine neue Webseite in einer Joomla-Webpräsenz entsteht in den allermeisten Fällen, indem der Webmaster einen neuen Menüpunkt anlegt!

Früher wurde der Code einfach von oben nach unten heruntergeschrieben. Bei Joomla ist das anders, das wissen Sie bereits. Joomla braucht für jede Webseite von Ihnen zu allererst die Information, welche grund-sätzliche Struktur die neue Webseite haben soll. Und das verraten Sie Joomla, indem Sie einen neuen Menü-Punkt anlegen, der zu der von Ihnen geplanten Webseite führen soll, und dabei den Typ des Menü-Punktes festlegen. Sehen Sie sich die Möglichkeiten an, indem Sie im Backend-Menü auf „Menü >> Hauptmenü >> Neuer Menüpunkt" klicken:

Abbildung 42: Legen Sie in einem Menü einen neuen Menüpunkt an.

Übrigens sehen Sie, dass der Beispielinhalt bereits einige Menüs enthält. Wenn Sie eine Joomla-Installation ohne Beispielinhalte vornehmen, finden Sie hier nur den Eintrag „Hauptmenü". Wenn Sie selbst ein ganz neues Menü anlegen wollen, können Sie das unter „Menüs >> Menüs >> Neues Menü" tun. Aber zurück zur Anlage eines neuen Menüpunktes. Wenn Sie auf „Neuer Menüeintrag" geklickt haben, sehen Sie folgende Übersicht:

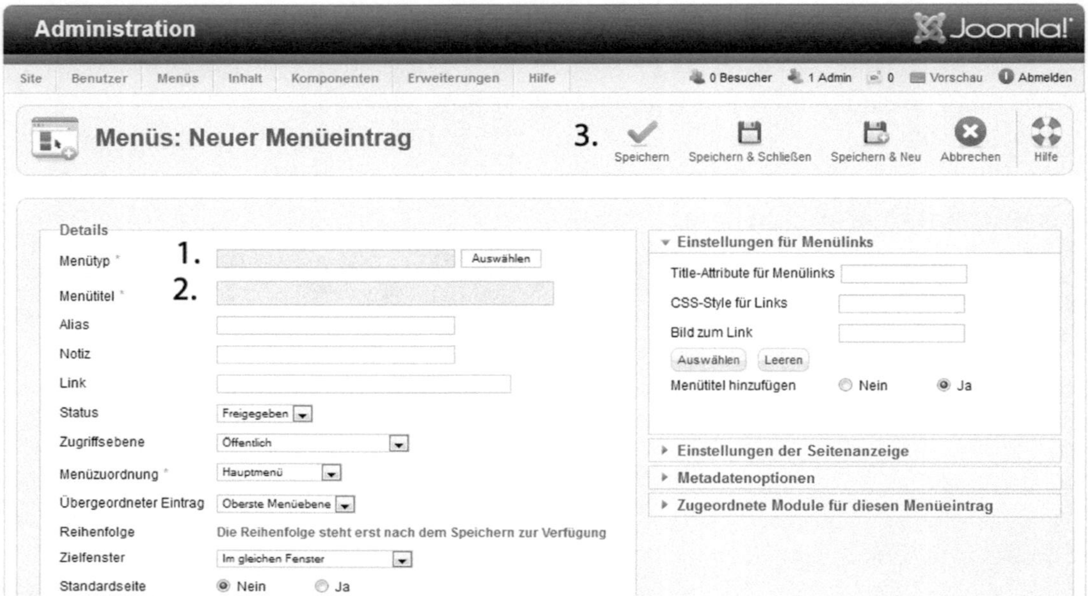

Abbildung 43: Legen Sie einen neuen Menüpunkt an.

An den mit einem (*) markierten Einträge erkennen Sie, dass Sie zumindest den Titel des Menüpunktes, den Menütyp und die Menüzuordnung festlegen müssen. Auf Deutsch heißt das, dass Joomla wissen will:

- Wie soll der Menüpunkt im Frontend heißen?
- Zu welcher Art von Webseite soll er führen?
- In welchem Menü soll er erscheinen?

Legen Sie also einen Titel fest, geben Sie für dieses Beispiel „Mein Menüpunkt“ ein. Klicken Sie dann auf „Auswählen“ für den „Menütyp“:

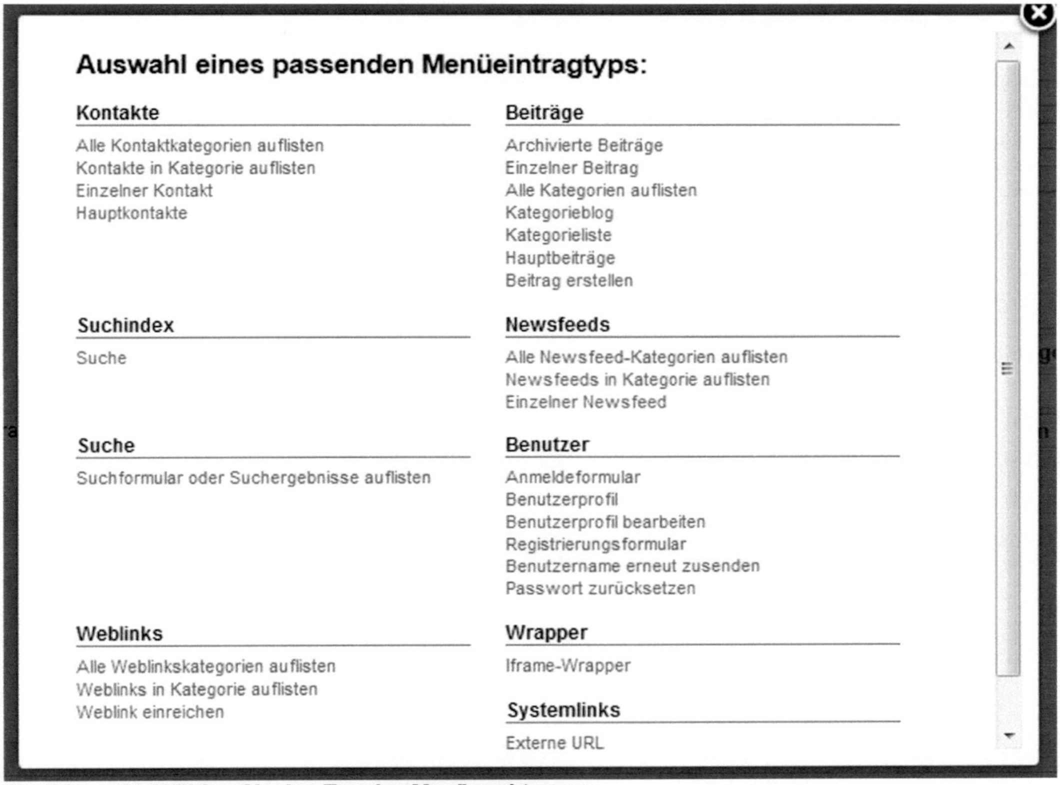

Abbildung 44: Wählen Sie den Typ des Menüpunktes aus.

Sehen Sie sich diese Auswahl gut an. Sie ist vielleicht nur ein kleines Pop-up-Fenster, hat jedoch absolut zentrale Bedeutung für Ihre ganze Karriere als Joomla-Webmaster. Denn hier sehen Sie alle Webseiten-Typen, die Sie mit der Joomla-Standardinstallation erstellen können! Und jede Komponente, die Sie später noch installieren, fügt hier ein paar Einträge dazu. So bringt eine Komponente zum Management von Terminen meist einen Menüpunkt-Typ „Kalender" zur Anzeige eines Monatskalenders o.ä. mit.

Natürlich können Sie individuelle Seiten noch modifizieren, indem Sie Module platzieren usw., aber grundsätzlich wird die Struktur jeder Joomla-Webseite durch den in diesem Fenster gewählten Typ vorgegeben.

Wählen Sie nun (später müssen Sie noch ein paar andere probieren) den Typ „Beiträge >> Einzelner Beitrag":

Abbildung 45: Machen Sie die erforderlichen Angaben für diesen Menütyp.

Joomla hat die Detailansicht dieses Menüpunktes entsprechend Ihrer Wahl angepasst und rechts unter „Erforderliche Einstellungen“ ein Feld eingefügt, indem Sie nun auswählen, welcher Beitrag der glückliche sein soll, der über diesen Menüpunkt auf einer neuen Webseite angezeigt werden soll. Wählen Sie Ihren Artikel aus, den Sie zuvor erstellt haben. Dies machen Sie, indem Sie auf den rechts zu sehenden Button „Auswählen/Wechseln“ klicken und dann in der Liste aller Artikel, die dann erscheint, Ihren auswählen.

Wählen Sie nun noch das Menü aus, indem der neue Menüpunkt erscheinen soll. Dies können Sie mit der Option „Menüzuordnung“. Wählen Sie dort „Über Joomla“ aus. Wie Sie sehen, können Sie den neuen Menüpunkt jedem beliebigen Menü zuteilen, auch wenn Sie in Abbildung 39 eigentlich „Hauptmenü >> Neuer Menüpunkt“ gewählt hatten.

Abbildung 46: Wählen Sie, in welchem Menü der neue Menüpunkt erscheinen soll.

Sie können nun schon auf „Speichern“ klicken und sich das Ergebnis im Frontend ansehen.

Abbildung 47: Ihr neuer Menüpunkt im Frontend.

Hier noch ein paar Erläuterungen zu den anderen Optionen, die Sie für jeden Menüpunkt wählen können:

Bedeutsam dabei unter anderem ist der „Alias“, der später in die Url der betreffenden Seite einfließt. Joomla generiert den Alias aus dem von Ihnen eingegebenen Menütitel, was in Ordnung ist. Möchten Sie besonders wichtige Wörter in der Url platzieren, dann gestalten Sie das Alias entsprechend wie Sie möchten. Sie mehr dazu im Kapitel „Suchmaschinenoptimierung“.

Beachten Sie weiterhin, dass Sie einen „Status“ festlegen müssen. Nur wenn dort „Freigegeben“ gewählt wird, ist der Menüpunkt tatsächlich aktiv und sichtbar. Und nehmen Sie die Option „Zugriffsebene“ zur Kenntnis, darüber werden Sie im Kapitel über die Benutzerrechte noch mehr lernen. Sie regeln damit, welche Besucher den Menüpunkt sehen und damit die dahinter liegende Webseite betreten können.

Da Menüs oft mehrere Stufen besitzen mit über- und untergeordneten Menüpunkten, können Sie mit der Option „Übergeordneter Eintrag“ bestimmen, ob der neue Menüpunkt ein Menüpunkt auf der ersten Ebene sein soll ohne übergeordneten Eintrag, oder ob es sich um einen untergeordneten Menüpunkt handelt.

Um sich alle Menüpunkte eines Menüs in einer (Ihnen bereits von der Artikel-Liste vertrauten) Listenansicht anzusehen, klicken Sie im Backend-Menü auf „Menüs >> Über Joomla“. Sie sehen dann eine furchtbar lange Liste aller über- und untergeordneten Menüpunktes des Menüs „Über Joomla“. Diese müssen Sie etwas filtern, um Ihren Menüpunkt besser sichtbar zu machen. Nutzen Sie daher in der Filter-Zeile das Dropdown-Feld „Max. Ebenen“ und wählen dort „1“. Dann werden nur die Menüpunkte der obersten Ebene angezeigt:

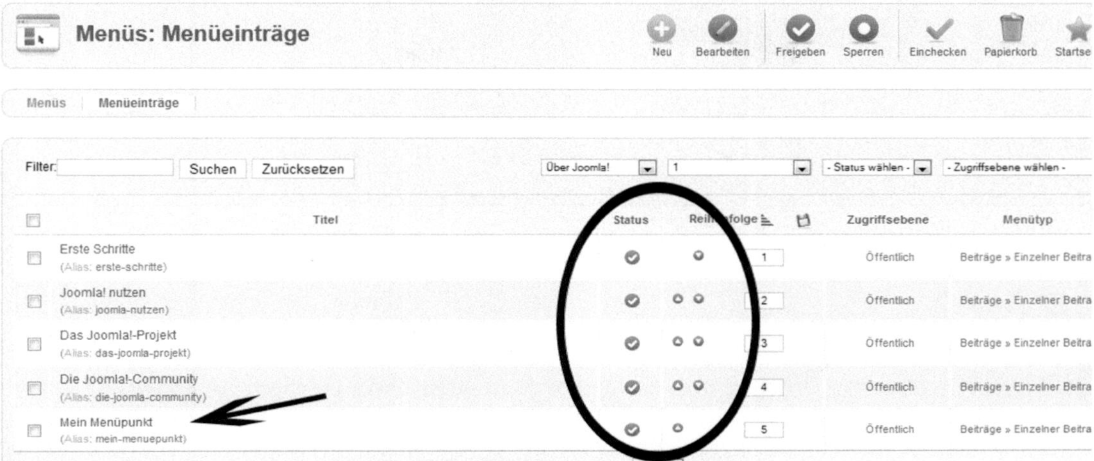

Abbildung 48: Alle Menüpunkt des Menüs "Über Joomla" in der Übersicht.

Noch steht Ihr Menüpunkt ganz unten im Menü. Wenn Sie das korrigieren wollen, dann können Sie die Reihenfolge ändern, indem Sie auf die kleinen Pfeile in der Spalte „Reihenfolge“ klicken. Alternativ können Sie auch die Reihenfolge der Elemente verändern, indem Sie die Zahlen in den Textboxen ändern und eine Reihenfolge von 1 bis x vorgeben und anschließend auf das kleine „Disketten“-Symbol oberhalb der Spalte klicken.

Achtung: Bei Joomla 2.5 ist diese Funktion manchmal fehlerhaft bzw. wenig intuitiv. Dann klicken Sie auf das Sortierungs-Symbol und es sollte wieder funktionieren:

Abbildung 49: Klicken Sie auf das Sortierungs-Symbol, um die Menüpunkte in anderer Reihenfolge anzuzeigen bzw. die Änderungsmöglichkeiten der Reihenfolge wieder zu aktivieren.

Bringen Sie Ihren Menüpunkt zur Übung durch das Anklicken des nach oben zeigenden Pfeils um ein paar Positionen nach oben und sehen Sie sich die Veränderung im Frontend an.

Klicken Sie zur Abwechslung auch mal direkt im Frontend auf Ihren neuen Menüpunkt und schauen sich an, was er anzeigt:

Abbildung 50: Die von Ihnen neu angelegte Webseite.

Übrigens sehen Sie nun einige Angaben, die Ihnen noch nicht so vertraut sind: Unterhalb des Artikel-Titels wird die Kategorie mit einem Link zu dieser Kategorie angezeigt, außerdem ein Veröffentlichungsdatum, der Name des Autors und die Zugriffe. Rechts davon finden Sie noch ein Symbol für das Drucken und eines für das Versenden des Artikels. Das sind alles Dinge, die Sie mit den Optionen der Beitragsanzeige verstellen können. Sie müssen in den Einstellungen des jeweiligen Menüpunktes andere Werte wählen, wenn Sie eine von der globalen Konfiguration abweichende Darstellung wünschen. Schauen Sie sich das an, indem Sie erneut in die Detailansicht Ihres Menüpunktes wechseln und dort auf „Beitragsoptionen“ klicken. Dort können Sie alle einzelnen Merkmale ein- oder ausblenden. Probieren Sie es aus und versuchen Sie, die Druck- und Email-Icons und den Kategorie-Name sowie den Namen des Autors auszublenden.

Übung: Nachdem Sie nun gelernt haben, wie Sie einen neuen Menüpunkt erstellen und diesen in ein bestehendes Menü einordnen können, sollten Sie ein wenig mit den möglichen Menü-Punkt-Typen herumprobieren. Begeben Sie sich also in die Detaileinstellungen Ihres vorhin erstellten Menüpunktes und klicken Sie erneut auf „Auswählen“ des Menüpunkttyps. Wählen Sie aus der dann erscheinenden Liste irgendeinen anderen Eintrag aus. Je nachdem, was Sie gewählt haben, müssen Sie dann noch andere Einstellungen dazu festlegen. Wenn Sie beispielsweise „Beiträge >> Kategorie-Liste“ gewählt haben, müssen Sie in „Erforderliche Einstellungen“ noch festlegen, welche Kategorie Sie darstellen wollen. Übrigens gibt es auch in der Liste der verfügbaren Menüpunkt-Typen jeweils für jeden Eintrag ein Tool-Tip, der Ihnen bereits viel helfen kann.

Sehen Sie sich jeweils die von Ihnen erstellte Webseite in Frontend an.

7.1. Ein neues Menü erstellen

Wenn Sie Ihren Menüpunkt nicht in eines der bestehenden Menüs einfügen möchten, sondern ein neues Menü erstellen wollen, dann klicken Sie im Backend-Menü auf „Menüs >> Menüs >> Neues Menü“:

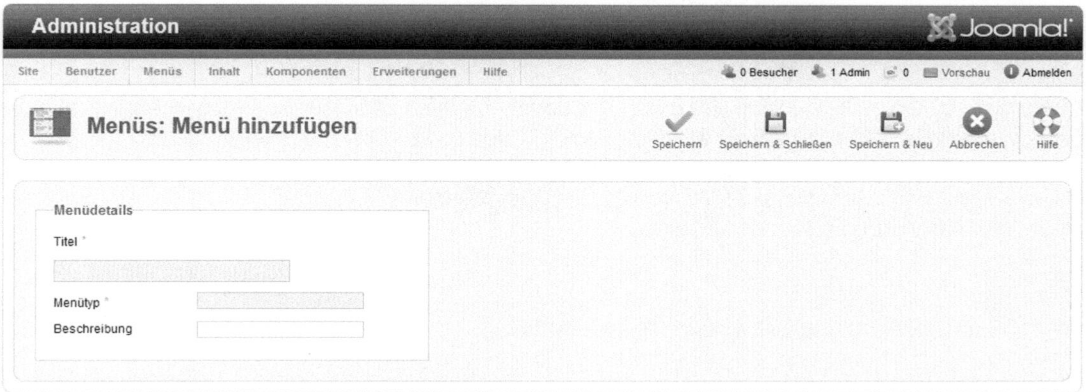

Abbildung 51: Erstellen Sie ein neues Menü

Geben Sie bei Titel und Menütyp einfach „Mein Menü" ein. Übrigens hört sich die Angabe „Menütyp" kompliziert an und vermittelt, man müsse dort einen von verschiedenen verfügbaren Typen auswählen, das trifft jedoch nicht zu. Sie legen nur eine interne Bezeichnung fest. Wenn Sie wollen können Sie für Ihre Zwecke noch eine erklärende Beschreibung bei „Beschreibung" eintragen. Diese hilft Ihnen später, wenn Sie in einer großen Webseite unzählige Menüs angelegt und organisieren müssen. Klicken Sie nun auf „Speichern". Anschließend finden Sie Ihr Menü bereits in der Dropdown-Liste der verfügbaren Menüs, die sich öffnet, wenn Sie den Mauszeiger auf „Menüs" im Backend-Menü bewegen.

Ordnen Sie nun den von Ihnen erstellten Menüpunkt diesem Menü zu. Das tun Sie, indem Sie erneut in die Detailansicht des Menüpunktes „Mein Menüpunkt" wechseln und dort unter „Menüzuordnung" dann den Eintrag „Mein Menü" wählen – den hat Joomla dort sofort zu den Auswahlmöglichkeiten hinzugefügt, nachdem Sie Ihr Menü gespeichert haben.

So. Und wo finden Sie Ihr Menü nun im Frontend? Schauen Sie sich das Frontend an. Sie können es nirgendwo entdecken. Denn: Sie haben dem Menü noch keinen Platz im Frontend zugewiesen. Oder vielmehr umgekehrt: Sie haben noch kein Modul vom Typ „Menü" irgendwo platziert und diesem Menü „befohlen" das Menü „Mein Menü" anzuzeigen. Dies können Sie auch in der Übersicht aller Menüs sehen, die Sie unter „Menüs >> Menüs" finden:

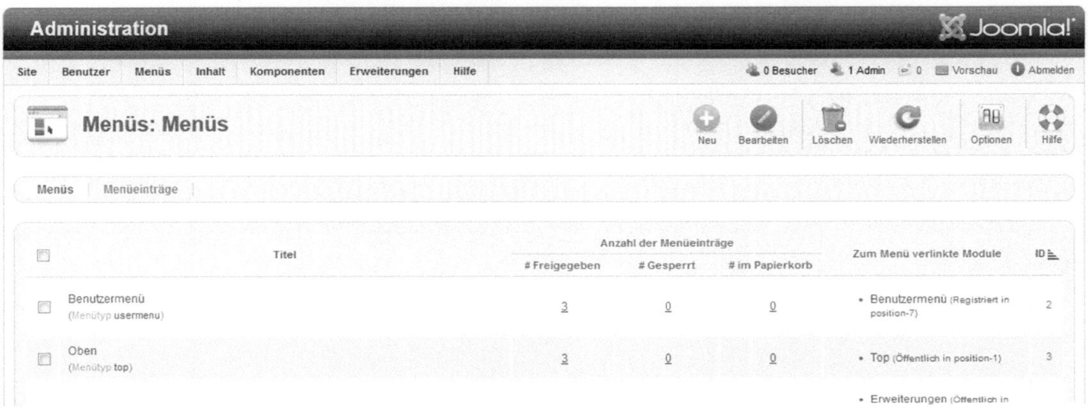

Abbildung 52: Übersicht der Menüs.

Aus Platzgründen habe Ihr Ihr neues Menü nicht im Screenshot dargestellt (siehe unten). Sie können hier für jedes Menü einige Angaben entnehmen. Unter „Anzahl der Menüeinträge" sehen Sie, wie viele aktive, gesperrte und gelöschte Menüpunkte vorhanden sind. Wichtiger ist jedoch die Spalte „Zum Menü verlinkte Module", denn hier sehen Sie, welche Module im Frontend dieses Menü anzeigen. Denn ein neues Menü wird nicht einfach irgendwo angezeigt, sondern Sie müssen ein Modul vom Typ „Menü" platzieren, das diese Aufgabe übernimmt.

Beachten Sie: Die in dieser Spalte angezeigten Module heißen zwar alle anders, sind aber alle vom selben Typ, nämlich vom Typ „Menü". Denn nur diese Module können Menüs anzeigen.

Für Ihr „Mein Menü" ist noch kein Modul verlinkt:

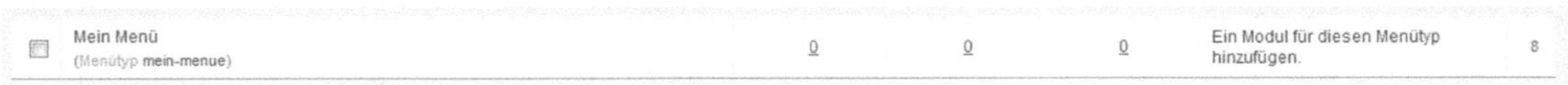

Abbildung 53: Ihr Menü ohne zugewiesenes "Menü"-Modul.

Aber Joomla ist Ihnen gerne behilflich und bietet einen Link an, um ein neues Modul vom Typ „Menü" zu erstellen und diesem einen Platz zuzuweisen. Übrigens sehen Sie für ihr Menü einen freigegebenen Menüpunkt. Das ist Ihr Menüpunkt „Mein Menüpunkt", den Sie zuvor Ihrem Menü zugewiesen haben. Klicken Sie jetzt auf „Ein Modul für diesen Menütyp hinzufügen":

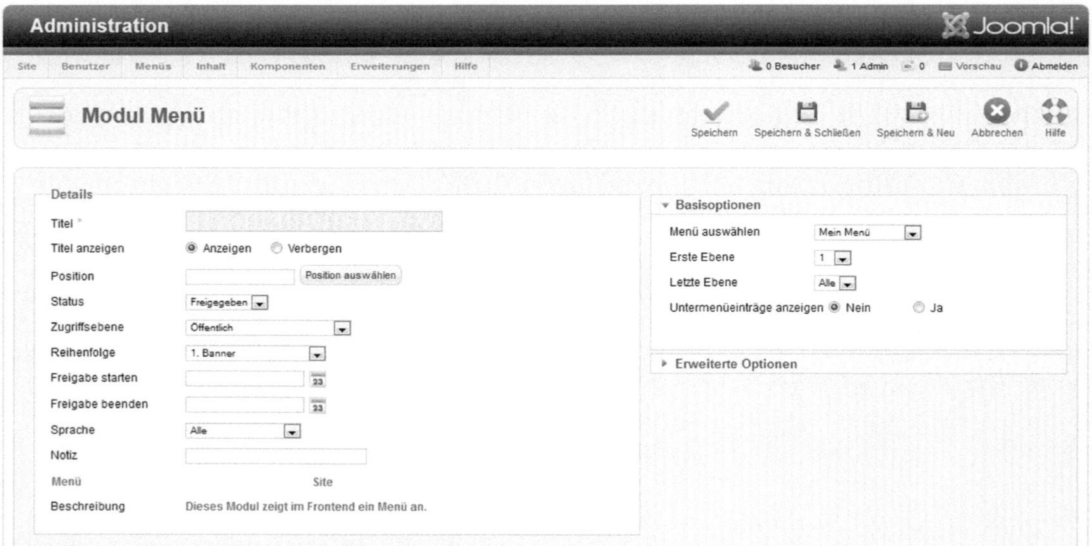

Abbildung 54: Erstellen Sie das Menü-Modul.

Sie müssen jetzt ein Modul für dieses Menü erstellen. Didaktisch ist das etwas schwierig, da Sie ja noch gar nicht mit Modulen vertraut sind. Daher nehme ich Sie jetzt mit in das nächste Kapitel über Module. Dort komme ich dann nach ein paar einleitenden Worten direkt wieder an diesen Schritt zurück.

8. Module

Module sind das Salz in der Joomla-Suppe!

Wie bereits zu Anfang dieses Buches gesagt, sind Module kleine Elemente, die Sie auf Ihrer Joomla-Webseite platzieren können, um dort Funktionen zu realisieren. Nachdem Sie bereits gelernt haben, wie Sie durch das Erstellen eines Menü-Punktes eine neue Joomla-Webseite anlegen, lernen Sie nun, wie Sie auf einer solchen Seite ein Modul platzieren und welche Möglichkeiten Sie dabei haben.

Sehen Sie sich zunächst die Übersichtsliste der Module unter „Erweiterungen >> Module“ an:

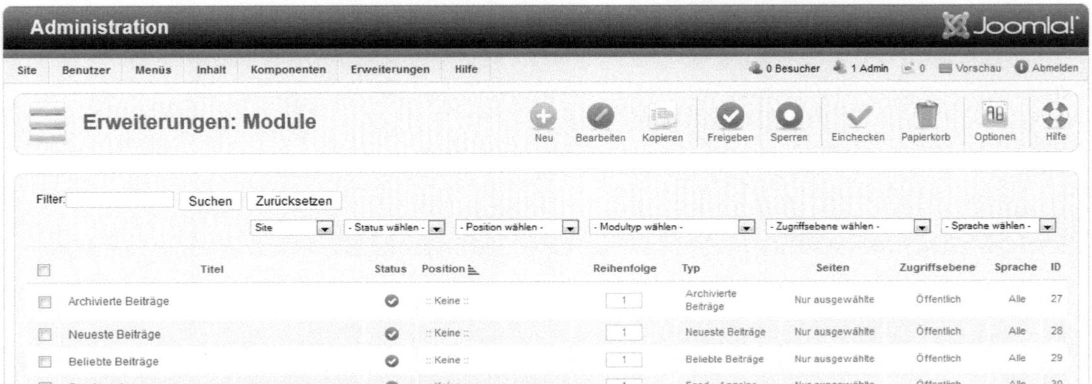

Abbildung 55: Die Übersicht über alle angelegten Module.

In dieser Ansicht kommt Ihnen mittlerweile sicherlich vieles bekannt vor: die meisten Buttons der Funktionsleiste kennen Sie bereits und auch die Filter-Zeile oberhalb der Modul-Liste ist Ihnen mittlerweile vertraut. Da Sie die Beispielinhalte installiert haben, ist bereits eine ganze Hülle von Modulen angelegt und aktiv. Da ich Sie im letzten Kapitel so unsanft aus der Anlage eines Moduls zur Anzeige eines Menüs gerissen habe, kehren wir dahin jetzt zurück: Klicken Sie auf „Neu“ in der Übersichtsliste der Module:

Abbildung 56: Die verfügbaren Modultypen

Ähnlich wie bei der Auswahl der Typen für einen neuen Menüpunkt sehen Sie auch jetzt eine Auswahl von verschiedenen Modul-Typen. Wie Sie erkennen können, gibt es auch hier hilfreiche Tool-Tips. Bewegen Sie Ihren Mauszeigen über die verschiedenen Einträge, um einen Eindruck von den Möglichkeiten zu bekommen. Wählen Sie dann den Typ „Menü" aus, indem Sie ihn anklicken. Sie gelangen dann wieder zur Detailübersicht, die ich Ihnen bereits am Ende des letzten Kapitels gezeigt habe:

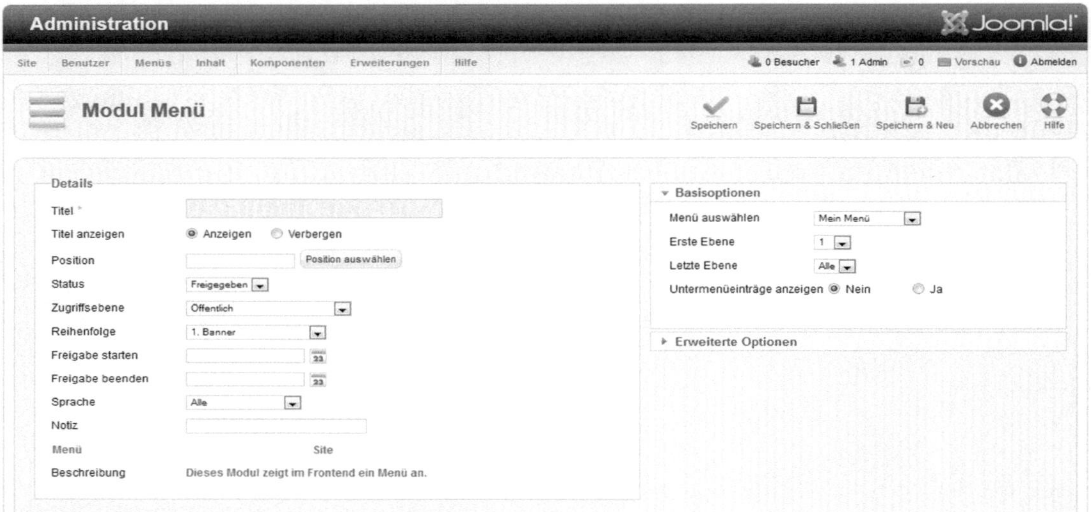

Abbildung 57: Detailansicht des Menü-Moduls.

Sie müssen den Titel des Moduls angeben (geben Sie „Mein Menü Modul" ein) und rechts in den Basisoptionen wählen Sie unter „Menü auswählen" das passende Menü, in diesem Fall „Mein Menü" aus. Als letzte notwendige Angabe müssen Sie dem Modul noch mitteilen, an welcher Stelle im Frontend es erscheinen soll. Mehr dazu lesen Sie im Kapitel über die Templates, aber dazu an dieser Stelle soviel: Jedes Template (das das Aussehen Ihrer Webseite bestimmt), hat verschiedene Positionen, an denen Sie Module platzieren können (z.B. oben rechts, mittig, links, unten usw.). Diese Positionen haben variable Namen, die der Entwickler des Templates festlegt hat. Sie müssen in den Detailangaben des Moduls unter „Position" den Namen einer solchen Position eingeben, um das Modul dort im Frontend anzeigen zu lassen.

Wie gesagt – ich komme darauf später zurück, tragen Sie für den Augenblick in das Feld „Position" die Bezeichnung „position-7" ein. Klicken Sie auf „Speichern" und sehen Sie sich das Ergebnis im Frontend an:

Abbildung 58: Ihr neues Menü im Frontend.

Sie erkennen Sie Menü mit dem Menüpunkt links neben Ihrem Artikel. „position-7“ ist bei diesem Template die Position links neben dem Kerninhalt der Webseite.

Erstellen Sie als Übung nun ein neues, anderes Modul. Gehen Sie dazu in die Übersicht der Module zurück, klicken erneut auf „Neu“ und wählen diesmal „Beliebte Beiträge“:

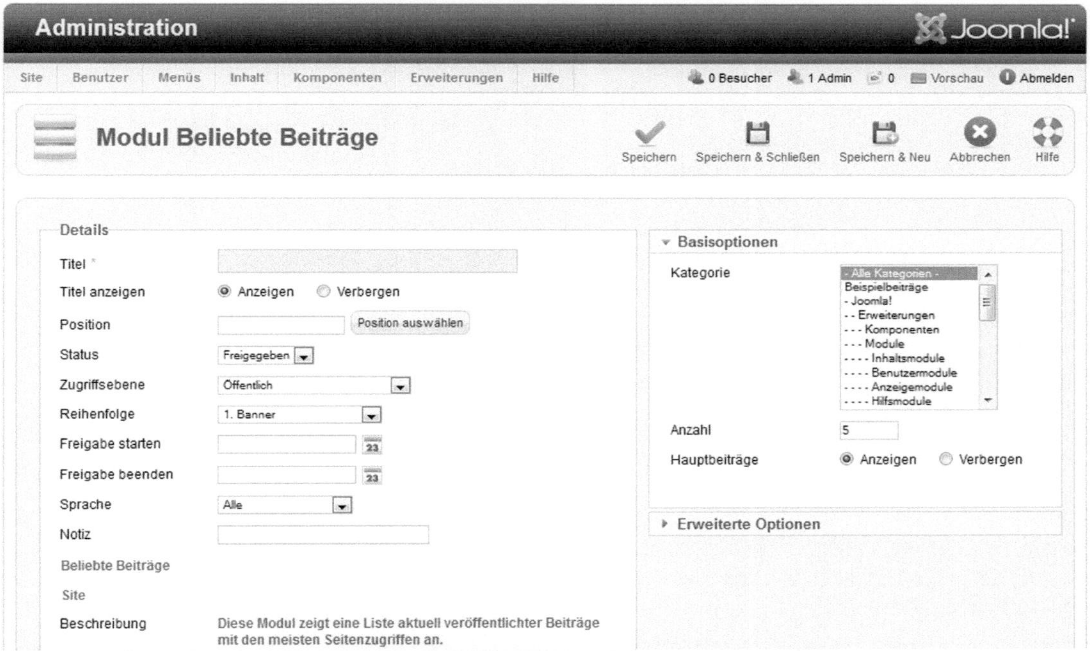

Abbildung 59: Die Detailansicht des Moduls "Beliebte Beiträge"

Geben Sie den Titel „Mein Modul beliebte Beiträge“ an, geben die gleiche Position (position-7) ein und sehen sich dann die Basisoptionen auf der rechten Seite an. Dort müssen Sie wählen, ob die beliebtesten Artikel aus der Gesamtheit aller Artikel oder nur aus einzelnen Kategorien stammen sollen. Belassen Sie die Einstellung. Setzen Sie die „Anzahl“ zur Übung auf „7“. Klicken Sie auf „Speichern“ und schauen Sie dann ins Frontend:

Abbildung 60: Ihr neues Modul „Beliebte Beiträge“ am linken Rand.

So einfach kann Joomla sein. Joomla wählt mit diesem Modul immer die Beiträge aus, die am meisten angeklickt wurden und zeigt die Titel dieser Beiträge in dem Modul. Sieben Einträge sind zu sehen, da Sie diese Zahl in den Basisoptionen festgelegt haben.

Übrigens haben Sie ja die letzten beiden Module in derselben Position (position-7) veröffentlicht. Diese erscheinen daher untereinander. Aber wie bei allem in Joomla können Sie auch da die Anordnung/Reihenfolge verändern. Gehen Sie zurück in die Liste aller Module und wählen Sie in der Filterzeile im Dropdown-Feld „Position wählen“ den Eintrag „position-7“:

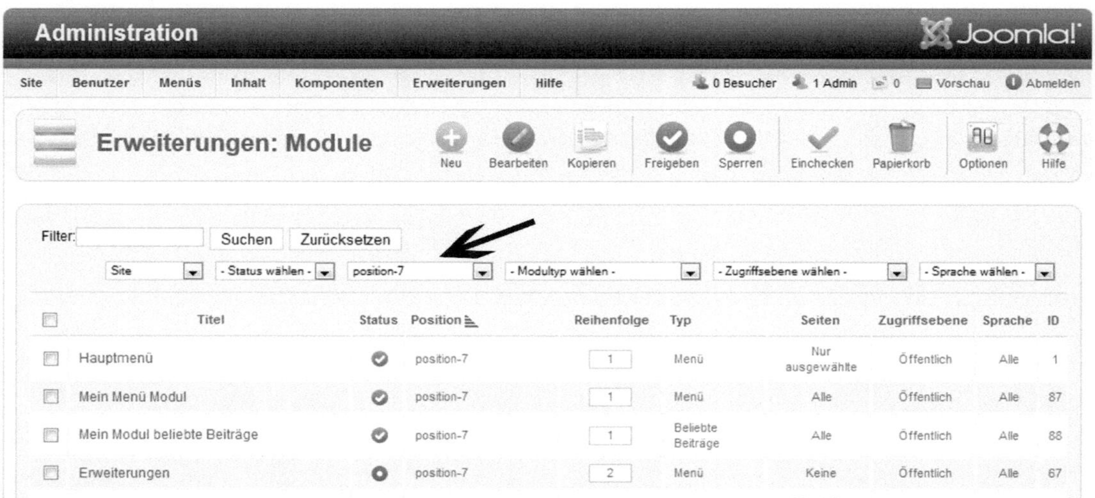

Abbildung 61: Joomla zeigt alle Module in „position-7“

Auch hier können Sie die Reihenfolge mit den Pfeilbuttons oder durch Eingabe einer Zahl und abspeichern verändern. Übrigens: Wenn die Pfeile bei Ihnen nicht angezeigt werden, klicken Sie auf das Wort „Reihenfolge“ über der Spalte, dann sollte es gehen!

Modulzuweisen zu einzelnen Webseiten

Es wird nur wenige Module geben, die Sie wirklich auf allen Webseiten Ihrer Webpräsenz zeigen möchten. Allein die wichtigen Menüs sollten Sie überall anzeigen, alles andere können Sie nur auf solchen Webseiten anzeigen, wo es thematisch einen Sinn macht. Das realisieren Sie, indem Sie jedem Modul mitteilen, auf welchen Webseiten es erscheinen soll und auf welchen nicht. Klicken Sie dazu noch mal in die Detailansicht des Moduls „Mein Modul beliebteste Beiträge“ und scrollen nach unten:

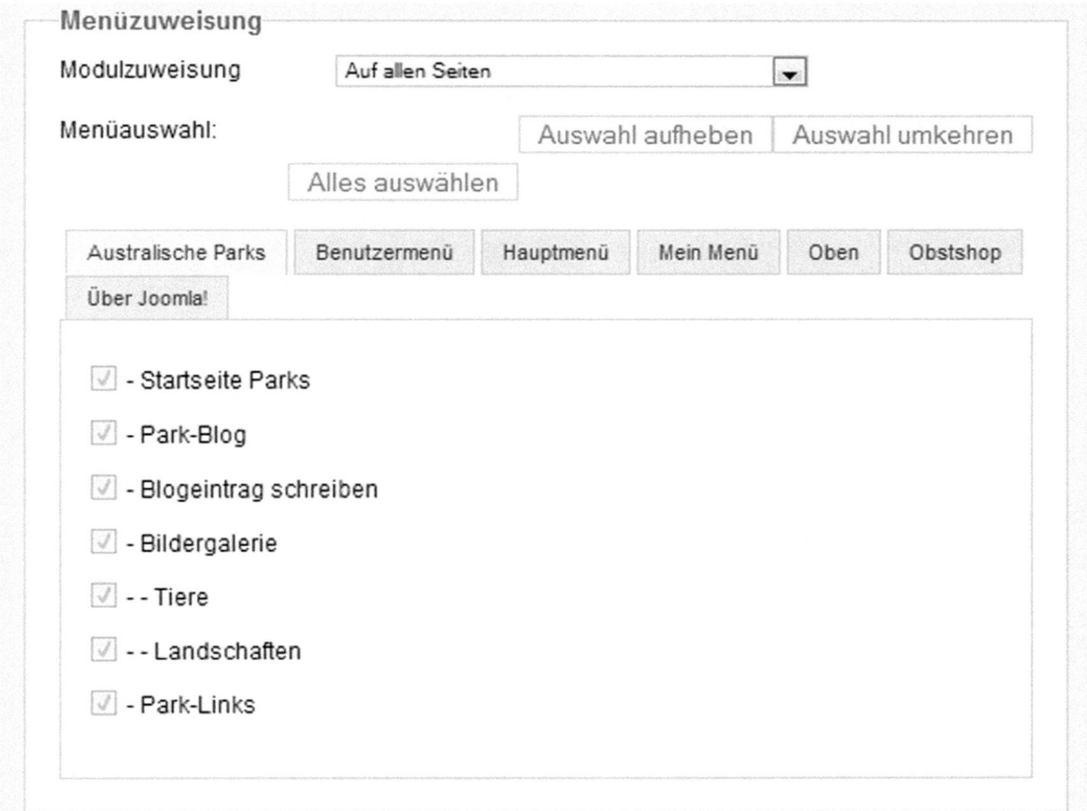

Abbildung 62: Bestimmen Sie auf welchen Webseiten das Modul erscheinen soll.

Wie Sie wissen, gehört zu jeder Webseite in Joomla ein Menü-Punkt, über den diese Seite angelegt wurde und über den sie erreichbar ist. Daher ordnen Sie auch die Module dann den einzelnen Menüpunkten zu und bestimmen so, auf welchen Webseiten diese Module zu sehen sein sollen. Standardmäßig gilt hier die Einstellung „Auf allen Seiten“, dann erscheint das Modul tatsächlich auf jeder Webseite Ihrer Webpräsenz. Wenn Sie das einschränken möchten, dann wählen Sie in der Option „Modulzuweisung“ einen anderen Eintrag. Folgende Optionen haben Sie:

- Auf allen Seiten
- Keine Seiten
- Nur auf der ausgewählten Seite
- Auf allen Seiten mit Ausnahme der gewählten

Meistens werden Sie auf „Nur auf der ausgewählten Seite“ zurückgreifen. Tun Sie das jetzt. Möglicherweise ist es Ihnen auch schon aufgefallen: Die einzelnen Reiter, die im unteren Teil der Menüzuweisung gezeigt werden, entsprechen den Menüs Ihrer Webseite. Sie erkennen die ganzen Menüs der Beispielinhalte und auch das von Ihnen zuvor angelegte „Mein Menü“. Durch Aufrufen jedes einzelnen Reiters können Sie für jeden einzelnen Menüpunkt (denn diese werden dann angezeigt) festlegen, ob Ihr Modul auf den entsprechenden Webseiten angezeigt werden soll oder nicht. Sehr praktisch.

Wählen Sie zum Beispiel den Reiter „Hauptmenü“ und löschen den Haken in der Checkbox des Menüeintrages „Home“. Schauen Sie dann ins Frontend (Speichern zuvor nicht vergessen!): Das Module mit den beliebtesten Beiträgen ist auf der Startseite (die dem Menüpunkt „Home“ zugeordnet ist) nicht mehr zu sehen! Aber wenn Sie irgendeine andere Seite aufsuchen, finden Sie es wieder an der gewohnten Stelle wieder, da Sie ja die Zuweisung für alle anderen Seiten nicht verändert haben.

So können Sie für jedes einzelne Modul individuell festlegen, auf welchen Webseiten es erscheinen soll und auf welchen nicht!

Gehen Sie jetzt wieder in die Detaileinstellung des Moduls zurück und setzen die Einstellung der Menüzuweisung wieder auf „Auf allen Seiten“, damit Sie die nachfolgenden Schritte problemlos durchführen können.

Wichtige Module

Hinweis: Aus Platzgründen kann ich leider nicht alle Module einzeln erläutern, die Sie in der Joomla-Standardinstallation finden. Weitere Infos zu den Modulen finden Sie aber auf http://www.joomla-lernen.de. Einige wichtige möchte ich dennoch kurz ansprechen:

Das Custom-html-Modul / Eigene Inhalte (Leeres Modul)

Dieses Modul ist ein wahrer Alleskönner und wird neben den Menü-Modulen sicherlich das wichtigste Modul für Ihre Webseiten werden. Denn mit diesem Modul können Sie einen beliebigen Inhalt anzeigen, den Sie im Backend mittels Editor in das Modul eingegeben haben. Wenn Sie dieses Modul anlegen (wählen Sie „Neu“ und dann „Eigene Inhalte (Leeres Modul)“, dann sehen Sie eine Arbeitsoberfläche wie bei der Erstellung eines Artikels. Im Editor können Sie beliebige Texte und Grafiken einfügen und diese dann irgendwo in einer Modulposition in Ihrem Template platzieren. So erhalten Sie eine sehr flexible Möglichkeit, Inhalte in Ihre Webseite einzubinden. Dies können Sie beispielsweise nutzen, um eine große Grafik als Banner oder Logo auf Ihrer Webseite zu präsentieren (indem Sie das entsprechende Modul dann an einer Position ganz oben auf Ihrer Webseite zeigen) oder um einen kurzen Textabsatz mit Erläuterungen etc. irgendwo an den Rand zu stellen.

Übung: Erstellen Sie ein solches Modul, fügen Sie in den Editor einen kurzen Text und eine Grafik ein und platzieren Sie das Modul an einer verfügbaren Position im Template (nehmen Sie auch wieder die „position-7).

Modul: Anmeldung

Mit diesem Modul stellen Sie ein Login-Feld auf Ihrer Webseite dar, damit sich Nutzer als registrierte Nutzer Ihrer Webseite anmelden und Zugang zu möglicherweise für nicht-angemeldete Nutzer verborgene Inhalte bekommen können. Sie finden das Modul im Frontend der Webseite mit den Beispielinhalten links unten.

Sehen Sie sich die Optionen des Moduls genauer an, indem Sie das Modul in der Modulübersicht im Backend (unter „Erweiterungen >> Module“) suchen. Nutzen Sie dafür die Filter-Dropdown Optionen und wählen Sie im Dropdown-Feld „Modultyp wählen“ dann den Eintrag „Anmeldung“. Es werden Ihnen dann drei Anmeldungs-Module angezeigt, die in den Beispielinhalten installiert sind. Klicken Sie auf das in Position-7 platzierte Modul (das erkennen Sie in der Spalte „Position“). Außer den Optionen auf der rechten Seite bietet Ihnen das Modul nicht viel. Aber die Basisoptionen sollten Sie sich kurz ansehen. Sie können beispielsweise einen erklärenden Text zum Anmeldeformular hinzufügen mittels der Textboxen „Text davor“ oder „Text danach“. Probieren Sie das aus, indem Sie in die Box „Text davor“ eintragen: „Liebe/r Nutzer/in, bitte loggen Sie sich ein, um in den Mitgliederbereich der Webseite zu gelangen“. Kontrollieren Sie den Effekt im Frontend.

Außerdem haben Sie die Möglichkeit, Nutzer nach einer Anmeldung („Login“) oder nach der Abmeldung („Logout“) auf eine bestimmte Webseite weiterzuleiten. Das macht zum Beispiel Sinn, wenn Sie einen speziellen Mitgliederbereich haben und die Mitglieder dort direkt nach der Anmeldung hin umleiten wollen. Denken Sie zum Beispiel an Ihren E-Banking-Account: Sie loggen sich dabei auf der Startseite Ihrer Bank/Sparkasse ein und werden dann sofort zu einer Detailansicht oder einer Art „Zentrale“ Ihres Accounts weitergeleitet (zumindest ist es in den meisten Fällen so). Ebenso kann es sinnvoll sein, die Nutzer nach dem Abmelden durch einen Klick auf den „logout“-Button (der im Anmelde-Modul erscheint, sobald ein Nutzer sich eingeloggt hat) auf eine bestimmte Seite umzuleiten, die z.B. einen „Schön, dass Sie bei uns waren, kommen Sie bald wieder“-Artikel zeigt.

Mit den anderen Einstellungsmöglichkeiten der Basiseinstellungen können Sie herumprobieren, beachten Sie allerdings, dass die Funktion „Anmeldeformular verschlüsseln“ nur dann funktioniert, wenn Sie über ein SSL-Zertifikat verfügen. Dieses garantiert höhere Sicherheit, muss aber meistens käuflich erworben werden. Fragen Sie beim Anbieter Ihres Servers nach.

Modul: Navigationspfad (Breadcrumbs)

Dieses Modul ist nahezu selbsterklärend und hat auch nicht viele Eigenschaften, aber es ist außerordentlich nützlich für die Besucher Ihrer Webseite, denn es zeigt an, wo sich der Nutzer gerade auf Ihrer Webseite befindet – das erleichtert die Orientierung enorm! Diese Module befinden sich zur besseren Sichtbarkeit dann auch immer im oberen Teil der Webseite. Werfen Sie einen Blick auf das Frontend Ihrer Webseite: Sie finden den Navigationspfad direkt unter dem farbigen Banner. Auf der Startseite steht dort „Aktuelle Seite: Home“. Klicken Sie ein bisschen umher und besuchen Sie ein paar Unterseiten der Webpräsenz, dann steht dort unter Umständen auch schnell so etwas wie: „Aktuelle Seite: Home >> Joomla nutzen >> Parameter“ und Sie können leicht nachvollziehen, wo Sie sich befinden und können auch durch einen Klick auf einzelne Elemente des Navigationspfades wieder an diese Stelle zurückkehren. Dieses Modul sollte auf keiner Webseite fehlen.

Zusammenfassung: Anlegen und Veröffentlichen eines neuen Menüs

Da dieser Vorgang wichtig ist für Ihre zukünftige Arbeit als Joomla-Webmaster und ich diesen Prozess durch den Übergang vom Kapitel „Menü“ in das Kapitel „Module“ nicht alles in „einem Guß“ darstellen konnte, sehen Sie hier die Handlungsablauf nochmal schematisch dargestellt:

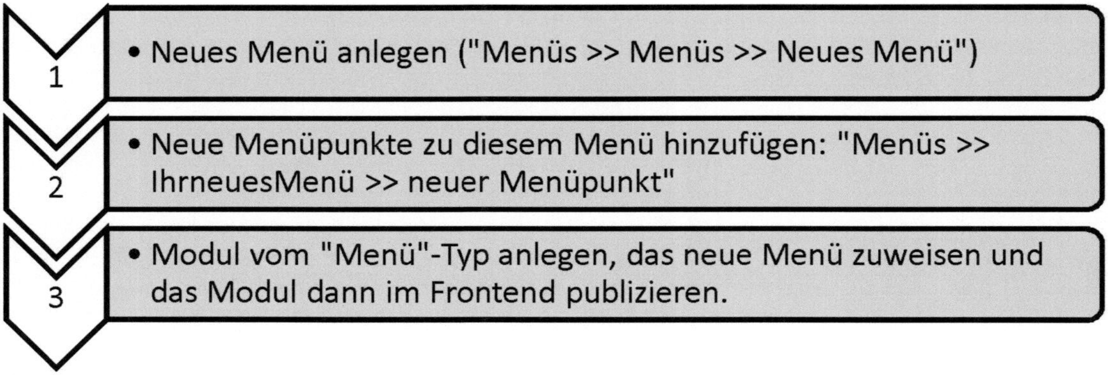

Abbildung 63: Schema zur Anlage eines neuen Menüs im Frontend.

9. Plugins

Wie bereits beschrieben, sind Plugins zusätzliche Programmfeatures oder Optionen, die Sie aktivieren oder deaktivieren können. Wenn Sie möchten, können Sie diesen Abschnitt aber auch überblättern, denn Sie werden nur in sehr seltenen Fällen etwas an den Plugins der Joomla-Core-Installation ändern müssen. Etwas öfter kann es vorkommen, dass 3rd-Party-Komponenten eigene Plugins mitbringen, die Sie nach der Installation extra aktivieren müssen. Sehen Sie sich die Übersichtsliste der installierten Plugins unter „Erweiterungen >> Plugins“ an:

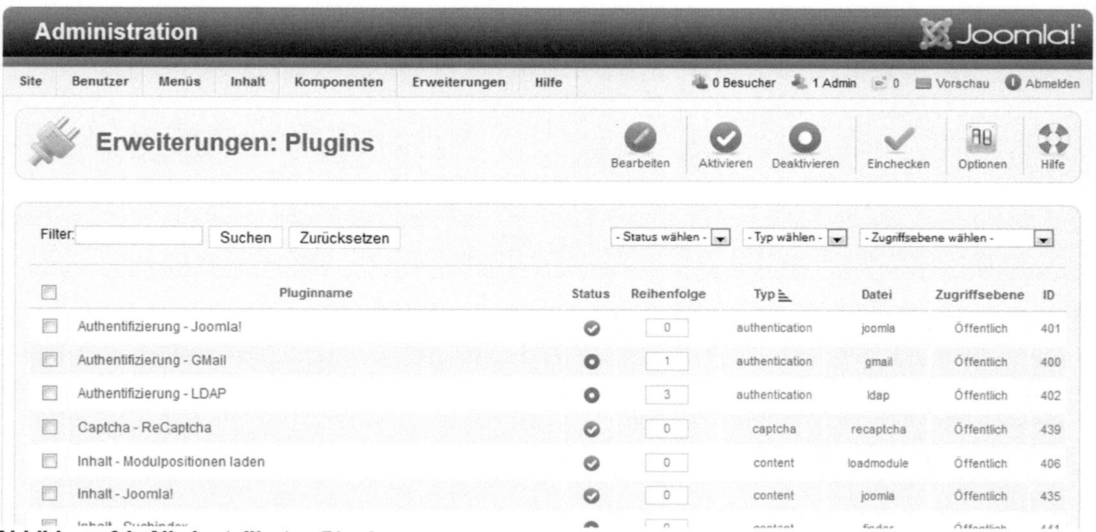

Abbildung 64: Alle installierten Plugins.

Klicken Sie einzelne Plugins an, um nähere Informationen über die spezifische Funktion zu bekommen. Grundsätzlich: Lassen Sie eher die Finger von den Plugins, denn Sie können teilweise sehr wichtige Funktionen damit abschalten. Wenn Sie zum Beispiel das Plugin „Authentifizierung – Joomla!“ deaktiveren, können sich Nutzer nicht mehr auf Ihrer Webseite einloggen!

Zu Übungszwecken suchen Sie dennoch nach einem Plugin mit dem Namen „Schaltfläche Bild". Wenn Sie dieses de-aktivieren, dann finden Sie den Button „Bild" unterhalb des Text-Editors z.B. bei der Eingabe eines Artikels nicht mehr (klicken Sie in die Detail-Seite eines Artikels, um sich das anzusehen). Dieser wird also über ein kleines Plugin eingefügt. Aktivieren Sie das Plugin anschließend wieder.

10. Die Verwaltung der Benutzerrechte

Seit Joomla 1.6 wurde die Verwaltung der Benutzerrechte immer weiter ausgebaut und inzwischen ist ein wirklich gut nutzbares System herausgekommen, mit dem Sie sehr genau steuern können, wer auf Ihrer Webpräsenz welche Rechte hat.

Zum grundlegenden Verständnis muss man die „Rechte" in zwei Bereiche aufsplitten:

1. Das Recht, etwas anzusehen (immer im Frontend)
2. Das Recht, etwas zu verändern (allermeist im Backend)

Für nahezu alle Elemente in Joomla können Sie diese beiden Eigenschaften vergeben. Und diese Unterteilung macht sehr viel Sinn, denn: Rechte, die sich allein auf das Ansehen von Dingen beziehen, werden viele Nutzer betreffen, die mehr oder weniger passiv auf Ihrer Webseite umhersurfen und allenfalls durch eine einfache Mitgliedschaft Zugang zu sonst unsichtbaren Inhalten bekommen können (z.B. bestimmte Artikel ansehen zu können oder bestimmte Dateien herunterladen zu können). Und andererseits: Rechte, irgendetwas an Ihrer Webpräsenz zu verändern, braucht im Allgemeinen nicht der Otto-Normal-Surfer, sondern lediglich der Nutzer, der in irgend einer weitergehenden Weise an Ihrer Webseite interessiert ist und zum Inhalt Ihrer Webpräsenz beitragen soll und möchte. Das wird die absolute Minderheit der Nutzer sein. Und diese Nutzer werden dann in Abhängigkeit ihrer Rechte auch möglicherweise Backendzugriff erhalten. Und das sollten Sie tatsächlich nur solchen Mitgliedern gestatten, denen sie vertrauen. Beide Rechte erläutere ich in den folgenden Abschnitten:

Das Recht, etwas anzusehen

Das Recht, etwas zu betrachten, wird in Joomla durch die „Zugriffsebenen" geregelt. Um festzulegen, wer ein Objekt ansehen darf, müssen Sie zwei Dinge tun:

1. Sie müssen dem Objekt (z.B. einem Artikel) eine Zugriffsebene zuweisen. Dabei wird jedem Objekt immer nur EINE Zugriffsebene zugeordnet.
2. Sie müssen jedem Nutzer die Zugriffsebenen zuweisen, die er sehen darf. Nutzern können dabei mehrere Zugriffsebenen zugeordnet werden, in die sie Einsicht haben.

Beispiele:

Nutzer A	Ebenen 1,2,3
Nutzer B	Ebene 1
Nutzer C	Ebene 2
Nutzer D	Ebene 1 und 3

Artikel A	Ebene 1
Artikel B	Ebene 3
Artikel C	Ebene 2
Artikel D	Ebene 4

Erklärung zu den Beispieltabellen: In der linken Tabelle ist angegeben, welcher Nutzer welche Zugriffsebenen im Frontend einsehen darf. In der rechten Tabelle steht, welcher Artikel zu welcher Zugriffsebene gehört. Daraus ergibt sich: Nutzer A darf die Artikel A, B und C sehen, Nutzer B nur Artikel A und Nutzer C nur Artikel C. Artikel D ist hingegen für niemanden sichtbar, da keiner der Nutzer A-D das Recht hat, Objekte der Zugriffsebene 4 einzusehen.

Welche Zugriffsebenen es gibt, finden Sie im Backend-Menü unter „Benutzer >> Zugriffsebenen“:

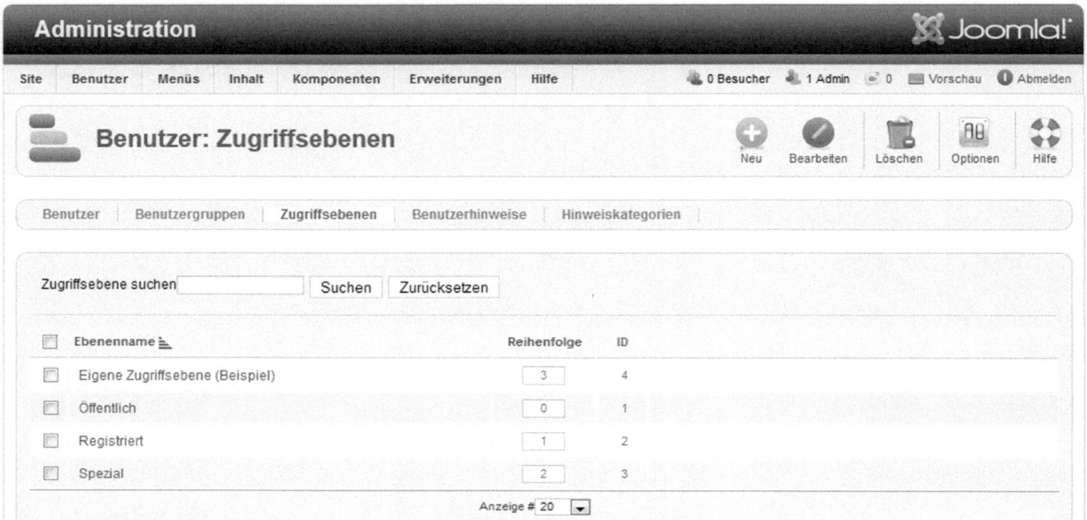

Abbildung 65: Die Zugriffsebenen von Joomla 2.5 in Ihrer Installation

Und wenn Sie sich erinnern: bei der Anlage Ihres ersten Artikels gab es auch die Option, eine Zugriffsebene festzulegen. Und wie gesagt müssen Sie diese Eigenschaft für alle Elemente festlegen, die im Frontend erscheinen. Standardmäßig wird dabei „Öffentlich“ ausgewählt, d.h. alle Nutzer, die Ihre Webseite ansehen, können dann auch das betreffende Element sehen.

Übung: Gehen Sie in die Detailansicht des Moduls „Beliebteste Einträge“ und suchen Sie dort die Option „Zugriffsebene“:

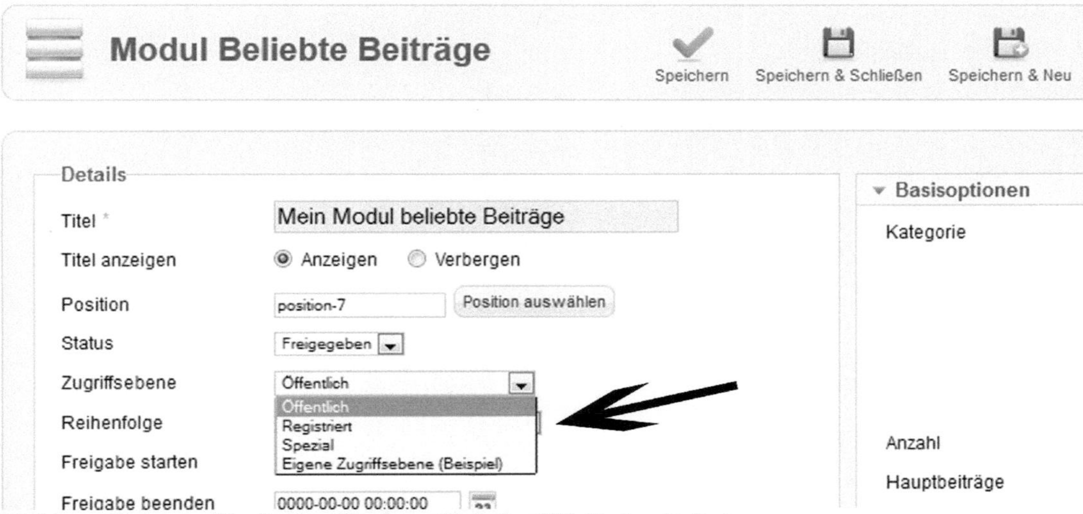

Abbildung 66: Legen Sie die Zugriffsebene für jedes Objekt einzeln fest.

Setzen Sie diese Option auf „Registriert“, speichern Sie und sehen Sie sich das Frontend an. Das Modul ist nicht mehr auf der Startseite zu sehen! Klicken Sie herum, aber Sie werden feststellen, dass es auch auf keiner anderen Seite mehr zu sehen ist. Das liegt daran, dass Sie gerade als nicht-eingeloggter „Otto-Normalsurfer“ unterwegs sind. Ändern Sie das, indem Sie sich im Frontend anmelden. Dies geschieht durch die Eingabe Ihres Benutzernamens und des Passwortes im Frontend links unten im Modul „Anmelden“. Verwenden Sie dort Ihre Zugangsdaten für das Backend. Die Zugangsdaten für Frontend und Backend sind bei jedem Nutzer die gleichen. Mit Ihren Daten können Sie sich in beide Bereiche einloggen, andere Nutzer mit weniger Berechtigungen können sich zwar ins Frontend einloggen, während das Einloggen in das Backend diesen Nutzern dann nicht gestattet ist.

Sobald Sie sich im Frontend eingeloggt haben, sehen Sie auch wieder das gesuchte Modul „Beliebte Beiträge“, denn Sie als Super Administrator haben natürlich Zugriff zu allen Zugriffsebenen und können daher alle Objekte einsehen. Aber natürlich müssen Sie sich auch dafür im Frontend einloggen, denn ohne Ihre Verifizierung kann Joomla nicht ahnen, ob Sie nur ein anonymer Besucher oder ein Administrator sind.

Setzen Sie nun die Einstellungen des Moduls wieder auf „öffentlich“.

P.S.: Vielleicht ist Ihnen aufgefallen, dass neben jedem Artikel ein kleines Notizblock-Symbol erscheint, wenn Sie die Seite als eingeloggter Administrator betrachten. Wenn Sie auf ein solches Symbol klicken, öffnet sich ein Editor-Fenster zur Bearbeitung des jeweiligen Artikels. Es gibt also grundsätzlich auch die Möglichkeit, Elemente in Joomla über das Frontend zu bearbeiten – sofern Sie über die entsprechenden Rechte verfügen.

Nachdem Sie nun die Zugriffsebenen kennengelernt haben, bleibt die Frage, wie Joomla diese mit den Nutzern in Verbindung bringt. Wie teilen wir Joomla mit, welche Nutzer auf welche Zugriffsebenen tatsächlich Zugriff haben?

Zuerst mal scheint es am einfachsten, wenn Sie bei jedem Nutzer einfach für jede einzelne Zugriffsebene festlegen, ob er darauf Zugriff hat oder nicht. So wie ich es Ihnen in der obigen Beispiel-Tabelle illustriert habe. Allerdings wäre das auf Dauer sehr mühsam und wenn Sie irgendwann etwas daran ändern wollen würden, müssten

Sie das in jeder einzelnen Nutzerzuordnung ändern. Daher wurde in Joomla ein Element zwischen die Nutzer und die Zugriffsebenen geschaltet: die Benutzergruppen!

Denn so wie Content-Elemente alle einer bestimmten Zugriffsebene zugeordnet sind, sind Nutzer einer oder mehrerer Benutzergruppen zugeordnet. Um die bestehenden Benutzergruppen zu betrachten, klicken Sie auf „Benutzer >> Benutzergruppen“:

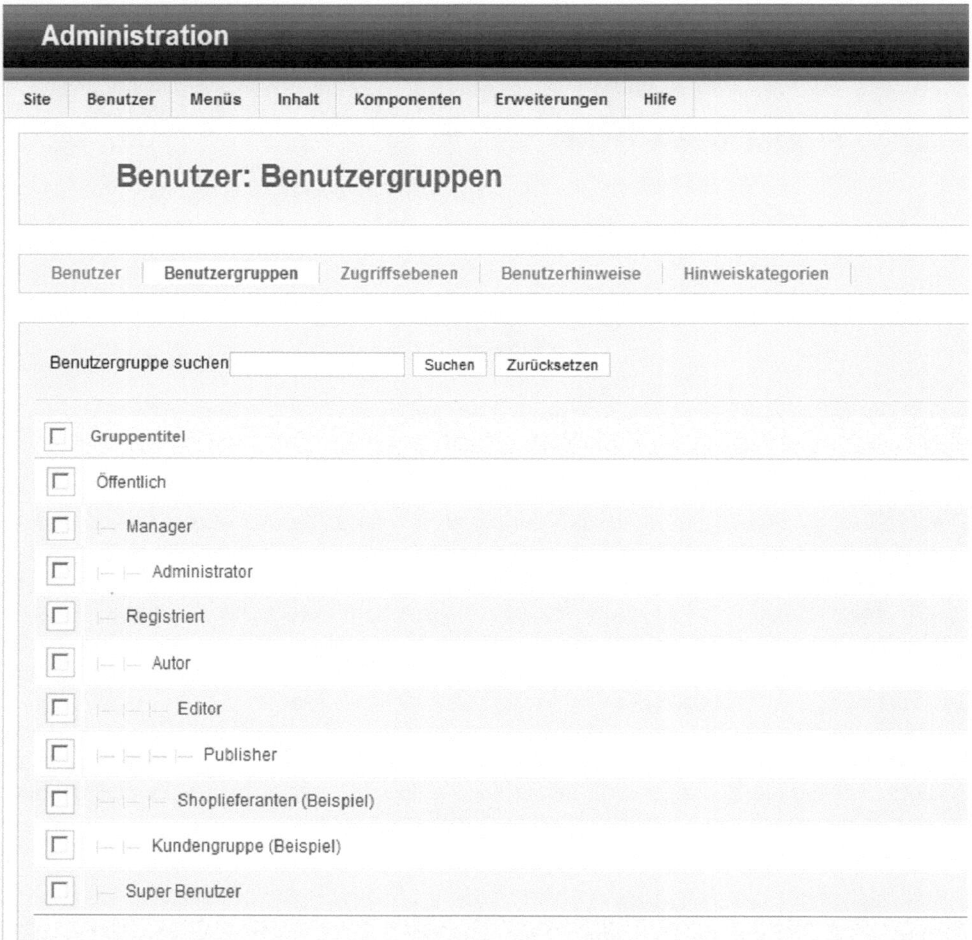

Abbildung 67: Die vorhandenen Benutzergruppen Ihrer Joomla-Installation.

Sie erkennen eine „Baumstruktur“ von Benutzergruppen; Es gibt zum Beispiel den Ast aus „Öffentlich >> Manager >> Administrator“ oder „Öffentlich >> Registriert >> Autor >> Editor >> Publisher“. Diese Baumstruktur hat folgende Bewandtnis: Jede Benutzergruppe hat alle Rechte der jeweils übergeordneten Gruppe und ggf. zusätzlich weitere Kompetenzen. D.h. im Klartext: Die Gruppe „Autor“ hat mehr Rechte als die Gruppe „Registriert“ und die Gruppe „Editor“ wiederum hat alle Rechte der Gruppe „Autor“ und darüber hinaus noch ein paar mehr. Diese Struktur ist sehr sinnvoll, um jedem Benutzer eine Zuordnung geben zu können, die ihn zum einen mit den nötigen Rechten ausstattet, andererseits aber auch klar gegenüber anderen Nutzern abgrenzt. Wie sieht das praktisch aus?

Kehren Sie zur Übersicht der Zugriffsebenen zurück und klicken Sie auf die Zugriffsebene „Öffentlich“:

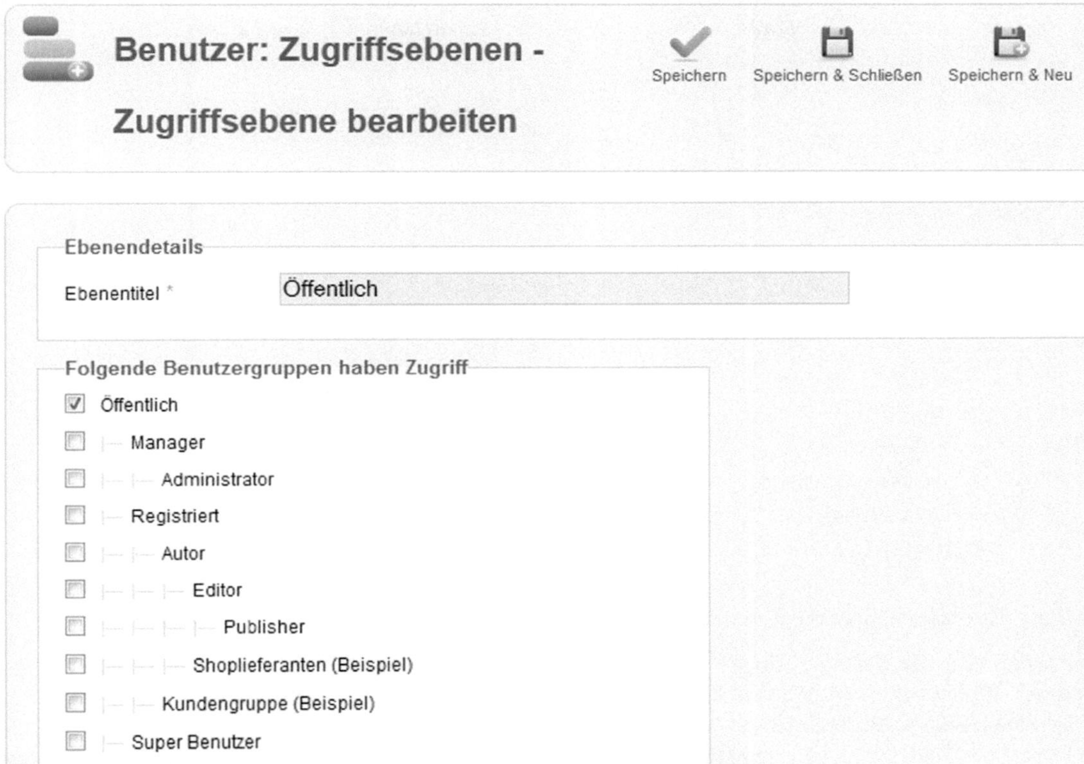

Abbildung 68: Die Berechtigungen auf die Zugriffsebene öffentlich.

Sie erkennen, dass die Benutzergruppe „Öffentlich“ auf diese Ebene Zugriff hat und Elemente dieser Ebene sehen darf. Benutzer der Gruppe „Öffentlich“ sind die anonymen, nicht eingeloggten Gäste, die auf Ihrer Webseite herumsurfen. Wenn Sie sich die Baumstruktur der Benutzergruppen ansehen, dann erkennen Sie, dass alle anderen Gruppen Untergruppen der Benutzergruppe „Öffentlich“ sind. Nachdem eben gesagten bedeutet das, dass alle anderen Gruppen auch Zugriff auf die Zugriffsebene „Öffentlich“ haben, denn die Rechte der übergeordneten Gruppe wird ja jeweils an die untergeordneten Gruppen weitergegeben. Klar?

Etwas komplizierter wird es, wenn Sie das Fenster schließen und auf die Zugriffsebene „Registriert“ klicken:

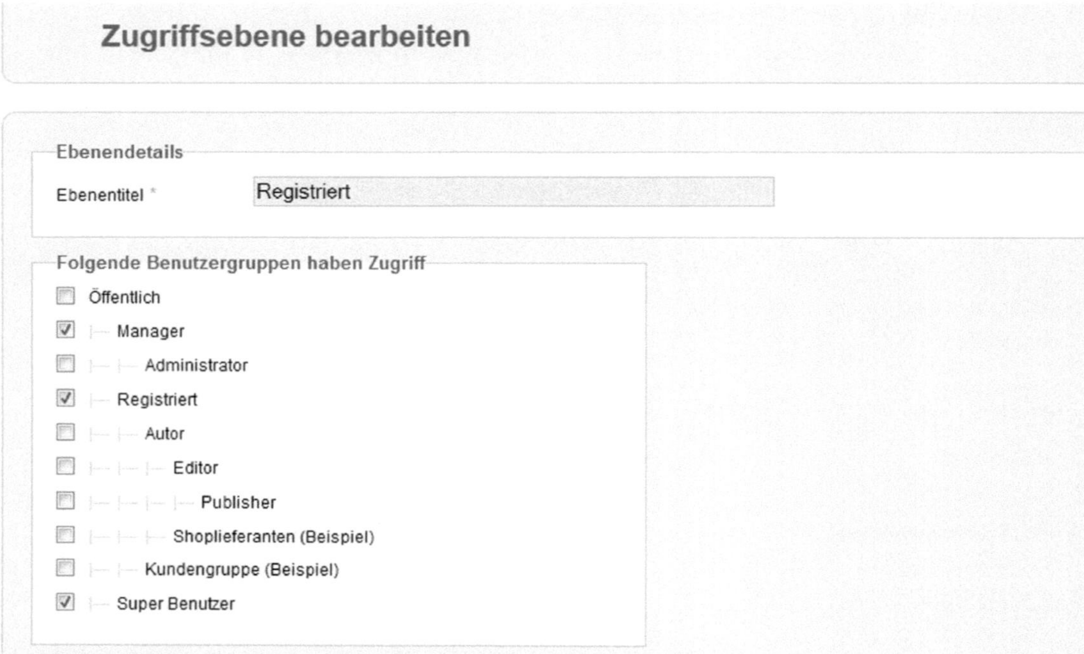

Abbildung 69: Einstellungen der Zugriffsebene "Registriert".

Sie erkennen, dass die Nutzergruppe „Öffentlich" hier keinen Zugriff mehr hat und damit Objekte der Zugriffsebene „Registriert" im Frontend nicht einsehen kann. Damit alle anderen Gruppen aber einen Zugriff haben, müssen Sie verschiedene Haken setzen: Der Haken bei „Manager" berechtigt die Gruppen „Manager" und „Administrator". Der Haken bei „Registriert" berechtigt alle nachfolgenden (Autor, Editor, Publisher, Shoplieferanten und Kundengruppe) und der Haken bei „Super Benutzer" berechtigt Sie selbst bzw. die Nutzergruppe „Super Benutzer".

Praktische Anwendung: Einen Mitgliederbereich einrichten

Viele Webseiten verfügen über einen eigenen Mitgliederbereich, den man erst dann betreten kann, wenn man sich bei der Webseite angemeldet bzw. einen Benutzeraccount angelegt hat. Wenn Sie einen solchen Mitgliederbereich einrichten wollen, dann brauchen Sie dazu nur wie eben dargestellt die Zugriffsebene „Registriert" zu benutzen. Denn jeder neue Nutzer, der sich registriert, hat Zugriff auf diese Zugriffsebene und kann damit die Objekte dieser Zugriffsebene einsehen, während nicht-registrierte Nutzer diese nicht sehen können. Das ergibt sich bei Joomla aus den folgenden Gegebenheiten (schauen Sie die Punkte bitte einzeln nach!):

- Unter „Benutzer >> Zugriffsebenen >> Registriert" erkennen Sie, dass Benutzer der Gruppe „Registriert" Zugriff auf die Zugriffsebene „Registriert" haben. Benutzer der Gruppe „Öffentlich" dagegen nicht.
- Unter „Benutzer >> Optionen (Button in der Zugriffsleiste)" sehen Sie eine Option „Gruppe für neue Benutzer", die auf „Registriert" eingestellt ist. Dadurch gehören neue Benutzer dieser Zugriffsebene an und haben nach dem oben gesagten das Recht, die Objekte der Zugriffsebene „Registriert" zu sehen.

In der Praxis verfahren Sie dann wie bei dem von Ihnen durchgeführten Beispiel mit dem Modul „Beliebte Artikel", dessen Zugriffsebene Sie auf „Registriert" geändert hatten. Für einen „richtigen" Mitgliederbereich setzen Sie dann aber nicht einzelne Module auf die Zugriffsebene „Registriert“, sondern tun das viel eher mit Menü-Punkten. Diese sind dann auch nur für eingeloggte Nutzer sichtbar und können ihnen als Weg zum Mitgliederbereich dienen. Klar? Wenn Sie wollen, begeben Sie sich in die Detailansicht Ihres Menü-Punktes „Mein Menüpunkt“ und setzen für diesen die Zugriffsebene auf „Registriert“. Wenn Sie sich dann das Frontend ansehen, wird dieser Menüpunkt nicht mehr angezeigt (achten Sie darauf, dass Sie nicht noch als Super Benutzer eingeloggt sind, denn dann sehen Sie den Menüpunkt natürlich trotzdem). Wenn Sie sich nun mit Ihren Zugangsdaten im Frontend einloggen, sehen Sie den Menüpunkt und können die entsprechende Webseite betreten. So einfach können Sie Mitgliederbereiche für registrierte Nutzer mit Joomla realisieren. Die Informationen aus dem nächsten Kapitel „Das Recht etwas zu verändern“, brauchen Sie dazu eigentlich nicht, da normalerweise registrierte Mitglieder einer Webseite lediglich Zugriff auf besondere Inhalte haben sollen und nicht in die Seiten-Administration eingreifen oder umfangreiche Inhalte erstellen sollen.

Übrigens: Wenn Sie einen Mitgliederbereich einrichten wollen, dann setzen Sie die Menüpunkt-Typen „Benutzer >> Benutzerprofil“ und „Benutzer >> Benutzerprofil bearbeiten“ ein, damit Nutzer ihre eigenen Daten auch einsehen und bearbeiten (z.B. ein neues Passwort festsetzen) können.

Das Recht, etwas zu verändern

Nachdem Sie nun gelernt haben, wie Sie regeln können, wer was auf Ihrer Webseite sehen darf, müssen Sie nun auch noch wissen, wie die Zuweisung der Bearbeitungsrechte funktioniert.

Für jede Nutzergruppe müssen Sie dafür festlegen, was sie tun und lassen darf. Klicken Sie dazu im Backend-Menü auf „Site >> Konfiguration“ und dann auf den Unterpunkt „Berechtigungen“:

Abbildung 70: Regeln Sie die Berechtigungen für jede Benutzergruppe.

In der Übersicht sehen Sie erneut die Struktur der Nutzergruppen. Nachdem Sie zuvor jeder Nutzergruppe die Zugriffsebenen zugewiesen haben, die diese einsehen darf, vergeben Sie jetzt für jede Nutzergruppe ein Paket von

Rechten (z.B. Einloggen in Frontend oder Backend, Verändern von Inhalten, Erstellen neuer Inhalte etc.). Durch das Anklicken einzelner Nutzergruppen können Sie einsehen, welche Rechte dieser Nutzergruppe zugeordnet sind:

▸ |– |– Administrator

▾ |– Registriert

Aktion	Neue Einstellung [1]	Errechnete Einstellung [2]
Seitenanmeldung	Erlaubt	Erlaubt
Adminanmeldu[ng]		Nicht erlaubt
Offlinezugang		Nicht erlaubt
Superadmin	Vererbt	Nicht erlaubt
Administrationszugriff	Vererbt	Nicht erlaubt
Erstellen	Vererbt	Nicht erlaubt
Löschen	Vererbt	Nicht erlaubt
Bearbeiten	Vererbt	Nicht erlaubt
Status bearbeiten	Vererbt	Nicht erlaubt
Eigene Inhalte bearbeiten	Vererbt	Nicht erlaubt

Abbildung 71: Tooltips geben gute Erläuterungen der einzelnen Rechte.

Ich habe den Reiter der Gruppe „Registriert" gezogen und Sie erkennen die zugehörige Liste an Rechten. Sehen Sie sich die Tool-Tips für alle Rechte an. Letztendlich steht das entscheidende in der Spalte „errechnete Einstellung", denn die Einstellung „vererbt" sagt für ein Recht noch nichts aus, außer, dass diese Nutzergruppe für dieses Recht den gleichen Status hat, wie die ihr übergeordnete Nutzergruppe. Die Nutzergruppe „Registriert" erbt alle Rechte der Nutzergruppe „Öffentlich", daher steht über alle „Nicht erlaubt". Ausnahme ist das Recht der „Seitenanmeldung", also des Logins im Frontend. Dieses wird nicht vererbt, sondern durch eine „Neue Einstellung" festgelegt und ist „Erlaubt"."

Wie Sie aus den einzelnen Rechten erkennen können, richtet sich die Aufteilung der Rechte in Joomla (neben dem Einloggen in Front- und Backend) ganz klar an die Funktion des Erstellens und Bearbeitens von Inhalten der Core-Komponenten (Artikel, Weblinks, Feeds, Banner...).

Übrigens können Sie in den Dropdown-Menüs der jeweiligen Berechtigungen auch mal einen Wert verändern und speichern. Dadurch ändert sich dann auch der Wert in der Spalte „Errechnete Einstellung".

Sehen Sie sich die Einstellungen für jede der angelegten Benutzergruppen etwas genauer an, indem Sie die einzelnen Gruppen anklicken. Sie werden feststellen, dass die Gruppen „Registriert", „Autor", „Editor" und „Publisher" keine Möglichkeit haben, im Backend aktiv zu werden, da Sie sich dort nicht einloggen können. Wenn Sie also einen neuen Nutzer Ihrer Webpräsenz zu einer dieser Gruppen zuweisen, dann kann er Ihnen helfen bei der Verwaltung der Inhalte im Frontend, bleibt dabei jedoch außerhalb des Herzstücks Ihrer Webpräsenz. Wenn Sie allerdings Nutzer an der wirklichen Administration Ihrer Webpräsenz beteiligen wollen, dann ordnen Sie sie der Gruppe „Manager" oder „Administrator" zu, dann können diese auch im Backend aktiv werden. Sie können natürlich auch anderen Nutzern die Berechtigungen der Gruppe „Super Benutzer" zuordnen, das sollten Sie sich aber gut überlegen, denn diese Nutzergruppe hat als einzige Zugriff auf:

- Die globale Konfiguration Ihrer Webpräsenz
- Die Systeminformationen des Servers
- Das Anlegen/Löschen oder Herabstufen von Super-Benutzer-Accounts
- Die Vergabe der Berechtigungen zu den einzelnen Nutzergruppen

Wenn Sie also jemand anderem die Rechte des Super Benutzers einräumen (die Sie bisher als einziger haben), dann kann der Ihnen einen ordentlichen Tritt verpassen, indem er/sie zuerst Ihren Nutzeraccount löscht, dann unflätiges Material auf Ihrer Webseite veröffentlicht und anschließend noch an den Servereinstellungen herumspielt, bis Ihnen nichts mehr anderes übrig bleibt, als alles komplett einzustampfen. Seien Sie also vorsichtig.

Übrigens: Wenn Sie sich die Berechtigungen der Super Benutzer-Gruppe angesehen haben, ist Ihnen vielleicht aufgefallen, dass dort neben den meisten Berechtigungen ein Vorhängeschloss zu sehen ist. D.h. Sie können der Gruppe diese Rechte nicht nehmen. Das bewahrt Sie davor, versehentlich irgendwelche Dummheiten zu machen. Nur neben dem Recht „Super Admin" ist kein solches Zeichen zu sehen. Versuchen Sie doch mal, der Super Benutzergruppe dieses Recht zu nehmen, indem Sie unter „Neue Einstellungen" „Nicht erlaubt wählen".

Das Resultat ist eine Fehlermeldung. Alles andere wäre ohnehin tragisch, denn wenn Sie sich als einziger Super Benutzer diese Berechtigung nehmen würden, gäbe es niemanden mehr mit Zugriff auf die Konfiguration Ihrer Webseite. Das würde verdammt nach Neu-Installation riechen!

Wie Sie vielleicht bereits gesehen haben, finden Sie in der Funktionszeile der Benutzergruppenübersicht auch den Button „Neu". D.h. Sie können selbst neue Benutzergruppen anlegen und diesen ein Rechteprofil zuweisen. In der Regel werden Sie gut mit den voreingestellten Gruppen zurechtkommen. Sollten Sie aber neue Gruppen aufbauen, dann behalten Sie eine gewisse Systematik bei und orientieren sich an der der hierarchischen Struktur der Gruppen, um immer einen Überblick zu behalten, wer gerade was darf. Ansonsten gruppieren Sie vielleicht irgendwann mal jemanden falsch ein und als Resultat kann dieser Dinge tun, die er nicht sollte. Und da muss gar kein böser Wille dahinter stecken: Sie ahnen nicht, was Nutzer alles unabsichtlich anstellen, wenn Sie ihnen die Möglichkeiten dazu geben!

Einstellungen für einzelne Komponenten/Artikel festlegen

Sie haben gerade die Einstellungen der Berechtigungen für alle Objekte Ihrer Webseite festgelegt bzw. betrachtet. Dort konnten Sie festlegen, welche Benutzergruppen allgemein neue Inhalte erstellen oder bestehende Inhalte verändern dürfen. Doch Joomla bietet noch mehr: Klicken Sie sich mal durch bis zur Übersichtsliste der Artikel (im Backend-Menü: „Inhalt >> Beiträge") – dort finden Sie u.a. dann den von Ihnen geschriebenen Artikel wieder. Klicken Sie auf den Namen des Artikels, um ihn zu öffnen. Scrollen Sie dann ganz nach unten. Unter dem Editor finden Sie:

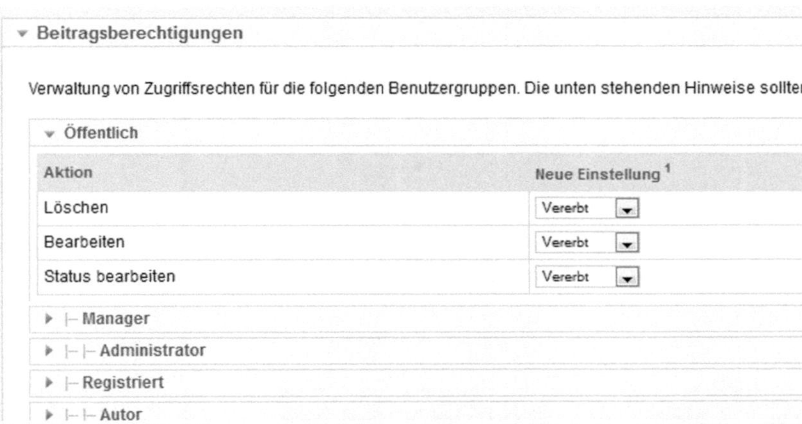

Abbildung 72: Sie können spezielle Berechtigungen für jeden Artikel Ihrer Webpräsenz festlegen.

Sie haben die Möglichkeit, unabhängig von den globalen Berechtigungen für diesen Artikel ganz spezielle Berechtigungen festlegen – etwa weil er besonders wichtig ist oder immer auf Ihrer Startseite stehen bleiben soll, egal, was andere wollen. Voreingestellt sind die Werte aus der globalen Konfiguration, diese können Sie beliebig ändern.

Kehren Sie jetzt zurück zur Artikelübersicht. Denn diese Einstellung der Berechtigung können Sie nicht nur global für die ganze Webpräsenz oder ganz individuell für einzelne Artikel regeln, sondern zum Beispiel auch für alle Elemente eine Komponente, zum Beispiel alle Artikel. Klicken Sie dafür in der Artikelübersicht in der Funktionsleiste auf den Button „Optionen". Es öffnet sich ein Fenster mit vielen Reitern, Sie kennen diese Ansicht bereits. Klicken Sie auf den ganz rechten Reiter „Berechtigungen". Es öffnet sich die vertraute Ansicht der Gruppen und der Rechte. Sie können hier also auch für alle Artikel auf einmal gesonderte Rechte festlegen. Das wäre z.B. nützlich, wenn Sie zwar wollen, dass Artikel von vielen Nutzern bearbeitet/erstellt werden können, aber keine anderen Inhalts-Elemente wie Newsfeeds oder Banner.

Und um noch einen drauf zu setzen: Klicken Sie im Backend-Menü auf „Inhalt >> Kategorien". Sie sehen dann eine Übersichtsliste aller Kategorien, in denen Ihre Artikel geordnet sind. Klicken Sie auf den Namen des eines Eintrags, um sich die Details dieser Kategorie anzusehen. Überraschung! Sie finden wieder einen Bereich „Kategorieberechtigungen" und können die Berechtigungen der unterschiedlichen Nutzergruppen für alle Artikel in dieser Kategorie gesondert regeln. Das würde sich anbieten, wenn Sie bestimmte Artikelsammlungen vor Veränderungen schützen wollen, während Nutzer in anderen Bereichen dann trotzdem munter aktiv sein können.

Sie finden die Möglichkeit, die Berechtigungen für bestimmte Bereiche von Joomla festzulegen, nahezu unbegrenzt. Das ist vom Joomla-Entwickler-Team mit Sicherheit gut gemeint – aber ob wirklich so sinnvoll?! Letztendlich ist positiv anzumerken, dass Ihnen damit die größtmögliche Flexibilität bleibt – wenn Sie den Durchblick nicht verlieren. Sie finden hinter dem „Optionen"-Button in der Funktionsleiste fast überall die Berechtigungsoptionen und können sich austoben. Ein paar Tips:

- Legen Sie sich handschriftlich ein Protokoll Ihrer Änderungen an, sonst verlieren Sie schnell den Durchblick.
- Ändern Sie – wenn überhaupt – nur ein oder zwei Einstellungen und prüfen Sie das eine Weile, bevor Sie weitere Dinge ändern
- Probieren Sie die sich ergebenden Änderungen schnellstmöglich selbst aus, damit kein Unheil passiert.
- Setzen Sie Ihre Webseite notfalls in den Wartungsmodus, bis Sie sicher sind, dass größere Änderungen funktionieren oder Sie Dinge wieder korrigiert haben, die unerwünschte Nebenwirkungen produziert haben.

Wann macht es eigentlich Sinn, eigene Gruppen anzulegen und diesen gesonderte Berechtigungen zuzuordnen? Das kann Sinn machen, wenn viele User auf Ihrer Seite kommunizieren und agieren. Wenn Sie z.B. ein Forum betreiben, dann macht es Sinn, eine Gruppe für „Forenadministratoren" anzulegen und diesen erweiterte Rechte bei der Verwaltung von Forenbeiträgen einzuräumen. Oder es wäre denkbar, dass Sie Warenverkäufern auf Ihrer Shop-Plattform ebenfalls gesonderte Rechte einräumen, damit diese Waren einpflegen, Warenbestände verwalten und andere Dinge tun könnten[12].

Die Benutzer-Konten Ihrer Webseite

Ihnen raucht der Kopf? Ok, kleine Entspannungsphase: Klicken Sie im Backend-Menüpunkt „Benutzer >> Benutzer" und sehen Sie sich die Liste der bisher eingetragenen Benutzer Ihrer Webseite an. Da stehen aktuell nur Sie drin:

---

12 Einschränkend muss man dabei allerdings anmerken, dass es diese Benutzerrechtesteuerung erst ab Joomla 1.6 und damit seit Januar 2011 gibt. Erfolgreiche und langjährige Joomla-Erweiterungen nutzen deshalb meistens ein eigenes System, um solche Zugriffsrechte zu regeln.

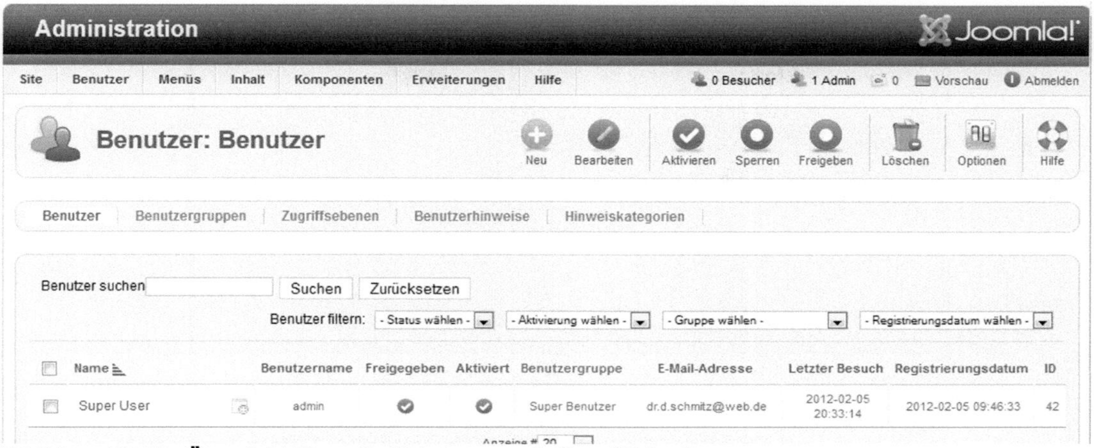

Abbildung 73: Die Übersicht über alle Nutzeraccounts Ihrer Webpräsenz.

Klicken Sie auf den Namen und sehen Sie sich im Profil weiter unten Ihre Einstufung in die Berechtigungsgruppen an:

Natürlich finden Sie den Haken bei „Super Benutzer“, da Sie alles dürfen. Wenn später neue Benutzer bei Ihrer Webpräsenz registriert sind, sehen Sie dort andere Einstellungen und können diese auch ändern. Dazu später mehr.

Neue Benutzer auf Ihrer Webpräsenz

Wenn Sie tatsächlich andere Nutzer in verschiedenen Benutzergruppen auf Ihrer Webseite zulassen wollen, dann geht das auf zwei Arten: Sie legen diese Accounts jeweils von Hand an (unter „Benutzer >> Benutzer >> Neuer Benutzer“), oder sie platzieren ein Modul des Typs „Anmelden“ auf Ihrer Webpräsenz, denn dort findet sich auch ein Link „Registrieren“:

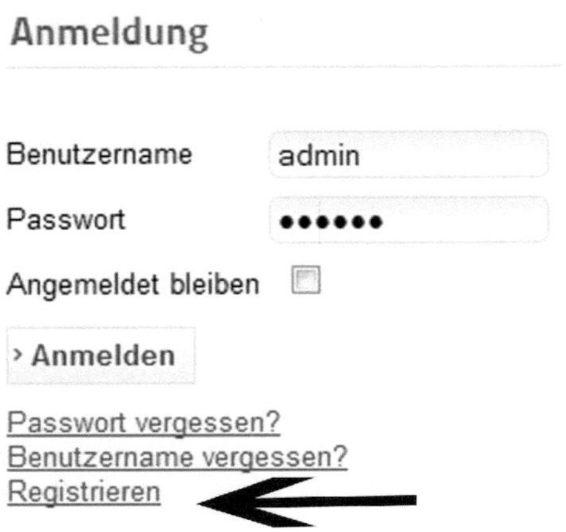

Abbildung 74: Das "Anmelden"-Modul brauchen Sie, falls Sie andere registrierte Benutzer zulassen wollen.

Alternativ können Sie auch über einen neuen Menüpunkt eine neue Webseite zur Registrierung anlegen. Dann wählen Sie als Menüpunkt-Typ „Benutzer >> Registrierungsformular“.

Ein paar wichtige Einstellungen dazu müssen Sie allerdings kennen bzw. vornehmen. Begeben Sie sich zur Nutzerübersicht (unter „Benutzer >> Benutzer“) und klicken in der Funktionsleiste auf den Button „Optionen“:

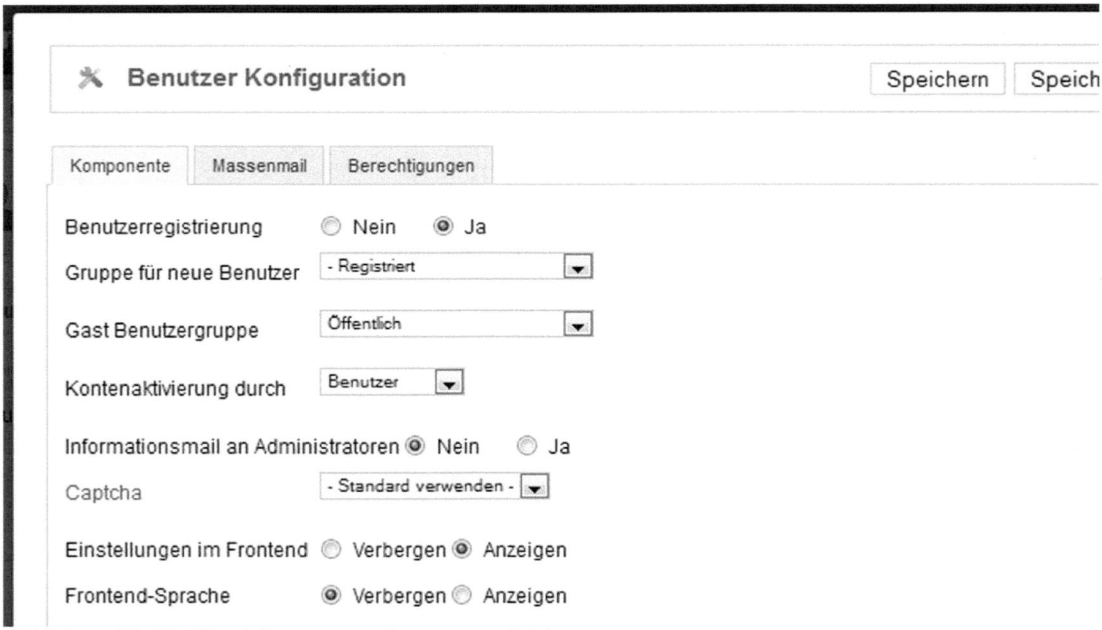

Abbildung 75: Die Einstellungen zur Benutzerregistrierung

Grundsätzlich können Sie die Registrierung auch verbieten (setzen Sie die Option „Benutzerregistrierung" auf „Nein"). Tun Sie das einmal und sehen Sie sich das Frontend an: Sie werden sehen, dass der Link „Registrieren" im Modul „Anmelden" verschwunden ist.

Weiterhin können Sie festlegen, welcher Gruppe die neuen Benutzerangehören sollen und außerdem welcher Benutzergruppe ein nicht eingeloggter Nutzer („Gast") zugeordnet werden soll. Belassen Sie diese Einstellungen am besten, denn ein nicht eingeloggter Besucher Ihrer Webseite sollte mit keinen besonderen Rechten ausgestattet werden.

Wichtig ist weiterhin, wie ein neues Konto aktiviert werden soll: Wählen Sie „Keine", „Benutzer" oder „Administrator". Das bedeutet: Wenn ein Nutzer ein neues Konto erstellt, ist noch nicht unbedingt aktiv, sondern muss erst aktiviert werden. Das kann entweder durch den Nutzer geschehen, indem er eine Email von Joomla geschickt bekommt mit einem entsprechenden Aktivierungslink (empfohlen). Möchten Sie zwar grundsätzlich eine Registrierung gestatten, selbst jedoch die Kontrolle behalten, wer sich auf Ihrer Webseite registrieren darf, dann wählen Sie hier „Administrator", denn dann erhalten Sie eine Email, sobald sich ein neuer Nutzer registriert hat. Erst wenn Sie diesen Account dann im Backend Ihrer Webpräsenz freischalten, kann der Nutzer sich tatsächlich einloggen. Nutzern Sie auch hier die Tool-Tips.

Benutzernotizen

Mit Joomla 2.5 erhalten Sie die Gelegenheit, Notizen über einzelne Benutzer anzulegen und in einem beliebig verzweigten Kategoriensystem analog der Komponente zur Verwaltung Ihrer Artikel zu ordnen. Die Notizen sehen Sie ein im Menüpunkt „Benutzer >> Benutzerhinweise" oder über kleine Funktionsbuttons hinter jedem Benutzernamen:

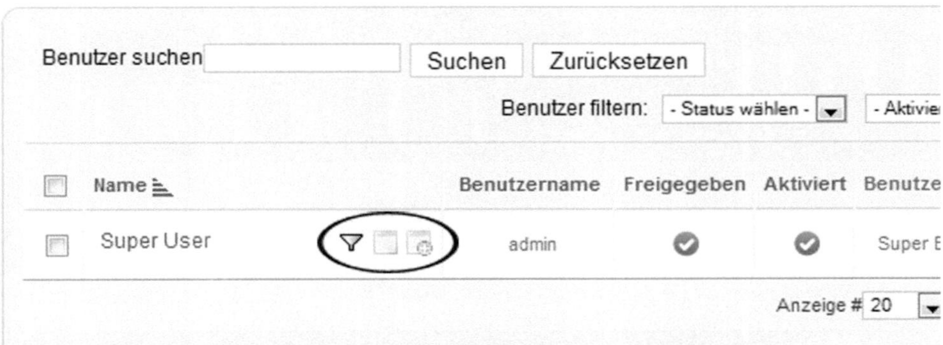

Abbildung 76: Diese drei Buttons sehen Sie, wenn bereits eine Notiz vorliegt.

Ich möchte Ihnen weitere lange Ausführungen ersparen, da es sich fast 1:1 um eine Kopie des Artikel-Systems handelt, das ich Ihnen im betreffenden Kapitel beschreibe.

Der Sinn hinter der Notiz-Funktion gehört ganz klar in den Bereich der Nutzer-Überwachung. Denn Sie werden bei einer gossen Webseite mit vielen registrierten Nutzern und vielen entsprechenden Aktivitäten immer wieder feststellen, dass Ihre Nutzer möglicherweise positive oder negative Dinge vollbringen. Insbesondere negative Dinge müssen Sie dokumentieren, um dann ggf. gegen solche Benutzer vorzugehen und diese eventuell von Ihrer Webseite zu verbannen.

11. Weitere Core-Komponenten

Die wichtigsten Komponenten von Joomla sind die zum Management der Artikel, der Menüpunkte und der Benutzer. Diese habe ich Ihnen genauer erläutert. Joomla bringt aber noch ein paar andere Komponenten mit, die ich aber weniger ausführlich behandeln möchte. Die meisten dieser Komponenten („Banner", „Newsfeeds", „Weblinks" tun nichts anderes als die, die Sie bis jetzt kennengelernt haben:

- Content-Elemente in Kategorien verwalten und bei Bedarf im Frontend in Modulen oder durch das Anlegen eigener Menüpunkte darstellen.

Daneben gibt es noch die beiden Komponenten zur Suche („Suche" und „Such-Index") und die Komponente „Umleitungen", die bei Joomla 1.7 neu ist und eine sehr sinnvolle Erweiterung der Fähigkeiten von Joomla darstellt. Aber mehr dazu im Einzelnen:

Die Komponente „Banner"

Mit dieser Komponente können Sie Banner verwalten, die Sie als Werbung auf Ihrer Webseite schalten möchten. Sie legen Kategorien an, in die Sie die Banner einsortieren – genauso wie Sie es von den Artikeln her kennen. Weiterhin legen Sie „Kunden" an. Das sind Personen oder Unternehmen, die die Banner auf Ihrer Seite schalten wollen. Durch das Modul „Banner" können Sie dann einen oder mehrere dieser Banner im Frontend anzeigen und als Werbung anbieten. Ich hoffe, Sie sind nicht enttäuscht, wenn ich es bei diesen Ausführung belasse, denn diese Funktion werden Sie als normaler Webmaster kaum brauchen. Denn es ist außerordentlich schwierig, zahlende Kunden zu finden, die tatsächlich Banner auf Ihrer Webseite platzieren möchten. Das Web ist überlaufen von Webseiten und die meisten User klicken Banner ohnehin einfach reflexartig weg, sodass nur Webseiten mit bestem Inhalt an Bannerkunden kommen. Meine Gratulation, wenn Sie das schaffen – aber eine ausführliche Erläuterung der Funktion hat m.E. in einem Einführungslehrbuch nichts verloren.

Die Komponente „Kontakte"

Mit dieser Komponente verwalten Sie Kontaktdaten von Nutzern, die für Ihre Webseite eine Bedeutung als „Team" haben. Denn Sie können dann für jeden Nutzer oder jedes Team-Mitglied ein Profil mit allen möglichen Kontaktdaten führen (natürlich die einzelnen Kontakte schön in Kategorien sortiert!). Über die Menüpunkt-Typen „Alle Kontaktkategorien auflisten", „Kontakte in Kategorien auflisten", „Einzelner Kontakt" und „Hauptkontakte" können Sie diese Daten dann im Frontend darstellen und ggf. mit einem Kontaktformular versehen, damit Nutzer Ihrer Webseite an die jeweiligen Kontaktpersonen eine Nachricht schicken können. Mein Vorschlag für Sie, um diese Komponente kennenzulernen: Legen Sie unter „Komponenten >> Kontakte" im Backend-Menü einen neuen Kontakt an und füllen Sie diesen mit allen möglichen Daten. Die Eingabe ist sehr intuitiv, da alle Felder sinnvoll beschriftet sind. Achten Sie auch darauf, dass die Option „Kontaktformular" auf „Anzeigen" steht. Legen Sie dann einen neuen Menüpunkt „Einzelner Kontakt" mit diesem Kontakt an und sehen Sie sich die Seite im Frontend an. Das Vorgehen ist ganz einfach und Sie werden auch ohne Screenshot zurechtkommen, da bin ich mir sichern.

Die Komponente „Newsfeeds"

Newsfeeds sind Nachrichtenkanäle, mit denen Sie Nachrichten anderer Webseiten auf Ihrer Webseite sammeln können. Theoretisch kann ein Newsfeed auch von Ihnen aufgebaut werden, um News von Ihrer Webseite für andere Webmaster anzubieten, aber das kann diese Komponente nicht. Sie können lediglich Newsfeeds anderer Webseiten sammeln (in Kategorien sortiert!) und diese ggf. im Frontend darstellen über die Menüpunkte „Alle Newsfeeds-Kategorien auflisten", „Newsfeeds in Kategorie auflisten" und „Einzelner Newsfeed". Mittels zweier Module können Sie die Kurznachrichten auch im Frontend anzeigen. Das wird Ihnen inzwischen schon sehr bekannt vorkommen.

Probieren Sie es aus, indem Sie einfach einen neuen Feed anlegen, nutzen Sie dafür z.B. den Feed der Webseite „tagesschau.de“. Wenn Sie einen neuen Feed anlegen, müssen Sie einen Link eingeben, unter dem der Feed im Internet angeboten wird. Über diesen holt Joomla sich dann die Nachrichten und zeigt Sie ggf. bei Ihnen im Frontend. Für den Tagesschau-Feed lautet diese Adresse: http://www.tagesschau.de/xml/rss2

Probieren Sie es aus und legen Sie dann einen neuen Menüpunkt „Einzelner Newsfeed“ dazu an. Sie haben dabei einige Einstellungsmöglichkeiten, die ebenfalls sehr intuitiv sind. Beachten Sie, dass Sie mit einem Feed niemals eigene Inhalte erzeugen, sondern immer nur Inhalte anderer Anbieter wiedergeben. Das kann für Ihre Nutzer eventuell interessant sein, vergrößert jedoch in der Regel nicht den Wert Ihrer eigenen Webseite, sondern lediglich den der Ursprungsseite, von der Sie die Meldungen beziehen, denn die Nutzer werden bei Interesse an den Kurznachrichten auf diese Webseite wechseln und Ihre Seite verlassen. Aus Sicht der Suchmaschinenoptimierung sind Feeds daher ein Graus!

Die Komponente „Weblinks“

Mit dieser Komponenten sammeln Sie Links zu anderen, interessanten Webseiten (in Kategorien geordnet!) und können diese über Menüpunkte oder ein Modul im Frontend als „Linksammlung anzeigen“. Probieren Sie es aus, es funktioniert genauso wie die Artikelverwaltung.

Die Komponente „Suche“

Über den Menüpunkt-Typ „Suche“ kommen Sie eine Webseite mit einem Suchformular anlegen. Nutzer können dort einen Suchbegriff eingeben und Ihre Webseite dann danach durchsuchen. Die Suchergebnisse werden dann ebenfalls auf dieser Webseite angezeigt. Dies kann nützlich sind für die Besucher Ihrer Webseite, wenn Sie eine etwas größere Webseite mit vielen Inhalten betreiben und Nutzer nach etwas bestimmtem suchen. Sie können im Backend das Suchverhalten der Nutzer überwachen. Dazu müssen Sie allerdings erst die Erfassung der Suchstatistik aktivieren, denn Sie ist standardmäßig nicht aktiviert. Gehen Sie im Backend zu „Komponenten >> Suche“ und klicken dann auf den Button „Optionen“. Unter dem Reiter „Komponente“ finden Sie dann die Option „Suchstatistiken erfassen“. Diese setzen Sie auf „Ja“. Nun können Sie den Effekt selbst kontrollieren: Legen Sie einen neuen Menüpunkt „Suche“ oder ein Modul „Suche“ an, und geben Sie anschließend im Frontend einen Suchbegriff ein. Im Backend erscheint dann in der Komponente „Suche“ ein Eintrag, dass mit dem von Ihnen eingegebenen Wort eine Suche durchgeführt wurde. Kann nützlich sein, um herauszufinden, wonach Ihre Besucher suchen und diesen Bereich/dieses Thema dann eventuell etwas besser zu platzieren (denn offensichtlich wird es von allein nicht gefunden) oder überhaupt erst anzulegen, damit die Besucher finden, was sie wollen.

Die Komponente „Such-Index“

Joomla bietet mit dieser Komponente eine weitere Suchfunktion. Ob Sie diese brauchen werden... ich glaube nicht. Aber mit der Suchindex-Komponente können Sie die Suchfunktion weiter optimieren. Denn die „normale“ Suche mit der Komponente „Suche“ durchsucht einfach den Text Ihrer Webseite nach dem vom Nutzer in das Suchfeld eingegebenen Wort (was in Abhängigkeit von der Menge des auf Ihrer Webseite vorhandenen Texts etwas dauern könnte). Mit einer Index-Suche wird der Inhalt einer Webseite zunächst vorsortiert und es werden die Wörter indexiert, die darin vorkommen. Das tun Sie, indem Sie im Backend in „Komponenten >> Suchindex“ auf den Button „Index“ der Funktionsleiste klicken. Die Indexierung des Inhalts erfolgt also lange bevor überhaupt jemand eine Suchanfrage stellt. Nehmen Sie die Indexierung jetzt vor. Sie erhalten dann eine Liste von Wörtern, die Joomla auf Ihrer Webseite gefunden hat. Welche Wörter dort auftauchen sollen bzw. stärker berücksichtigt, stellen Sie in den „Optionen“ der Komponente ein. Dort finden Sie den Reiter „Index“ und können einstellen, welchen Textteilen („Überschriften“, „Inhaltstexte“ usw.) Joomla welche spezifische Gewichtung geben soll. Belassen Sie diese Werte.

Wenn die Indexierung abgeschlossen ist, „weiß“ die Index-Suchfunktion von Joomla schon so ungefähr über den Inhalt der Webseite Bescheid und kann bei einer eingehenden Suchanfrage schneller Ergebnisse liefern. Der Nachteil ist allerdings, dass Sie eine Indexierung immer wieder aktualisieren müssen, wenn Sie die Inhalte Ihrer Webseite verändern. Mein Tipp daher: Sofern Sie keine außerordentlich große Webseite mit vielen Texten betreiben, verwenden Sie die normale Suchfunktion.

Die Komponente „Joomla-Aktualisierungen“

Seit Joomla 2.5.4 dabei, weiteres dazu finden Sie Im Anhang.

Die Komponente „Umleitungen“

Ein paar Worte zum Hintergrund: Stellen Sie sich vor, Sie betreiben eine Webseite (http://www.IhreDomain.de) und bieten dort ein paar nützliche Informationen an: http://www.IhreDomain.de/nützliche-Informationen.

Mit der Zeit werden dort viele Nutzer Ihre Texte lesen. Manch einer wird die Texte vielleicht so gut finden, dass er irgendwo im Internet einen Link auf diese Seite hinterlässt. Zum Beispiel könnte er in einem Forum schreiben: „Hallo Leute, schaut mal hier vorbei, da sind wirklich nützliche Infos zu finden: Link-zu-Ihrer-Seite.“ Außerdem wird es so sein, dass die Webseite von den Suchmaschinen gefunden wird und indexiert, also gespeichert wird. Und wenn jemand nach „nützlichen Informationen“ sucht, dann taucht Ihre Webseite mit der Url http://www.IhreDomain.de/nützliche-Informationen vielleicht in den Suchergebnissen auf und Nutzer können auf den Eintrag klicken, um zu Ihnen zu gelangen. So weit, so gut. Stellen Sie sich vor, dass Sie Ihre Webseite aber nach einer Weile umstrukturieren, zum Beispiel, weil mit der Zeit immer mehr Texte dazugekommen sind und Sie etwas Ordnung machen wollen. Daher gruppieren Sie die Artikel um und in Zukunft sind diese nicht mehr unter http://www.IhreDomain.de/nützliche-Informationen, sondern unter http://www.IhreDomain.de/meine-Artikel/nützliche-Informationen zu erreichen. Das führt dazu, dass alle Links zur alten Url eine Fehlermeldung produzieren und die Nutzer Ihre Seite auf diesem Weg nicht mehr erreichen können. Auch die Suchmaschinen suchen vergeblich nach Ihrer Webseite mit der alten Adresse. Nicht nur, dass Suchmaschinen das gar nicht mögen – Ihnen gehen auch Besucher verloren. Da kommt die Komponente „Umleitungen“ ins Spiel. Sie sollen das Ganze mit einer kleinen Übung kennenlernen:

Begeben Sie sich ins Frontend der Webseite mit den Beispielinhalten und rufen Sie im Menü „Über Joomla!“ den Menüpunkt „Erste Schritte auf“. Lassen Sie das Browserfenster geöffnet und suchen sich im Backend den Menüpunkt „Erste Schritte“ im Menü „Über Joomla!“. Ändern Sie in der Detailansicht des Menüpunktes den „Alias“ von „erste-schritte“ zu „der-anfang“. Speichern Sie. Gehen Sie nun wieder in das Browserfenster, indem Sie zuvor die Seite „Erste Schritte“ geöffnet hatten und laden Sie die Seite erneut. Sie erhalten eine Fehlermeldung, denn die Webseite ist nun nicht mehr unter der vorherigen Adresse erreichbar:

Abbildung 77: Seite nicht mehr erreichbar!

Denn da Sie das Alias des Menüpunktes bzw. der Seite geändert haben, ist die Webadresse auch von Joomla geändert worden. Die alte Webadresse ist nicht mehr gültig. Begeben Sie sich nun ins Backend zu „Komponenten >> Umleitungen". Sie sehen dort eine Liste aller Seitenaufrufe Ihrer Webseite, die in letzter Zeit mit einer Fehlermeldung beantwortet wurden. Sie sehen dort als obersten Eintrag den von Ihnen gerade provozierten mit der „abgelaufenen Adresse" : „getting-started":

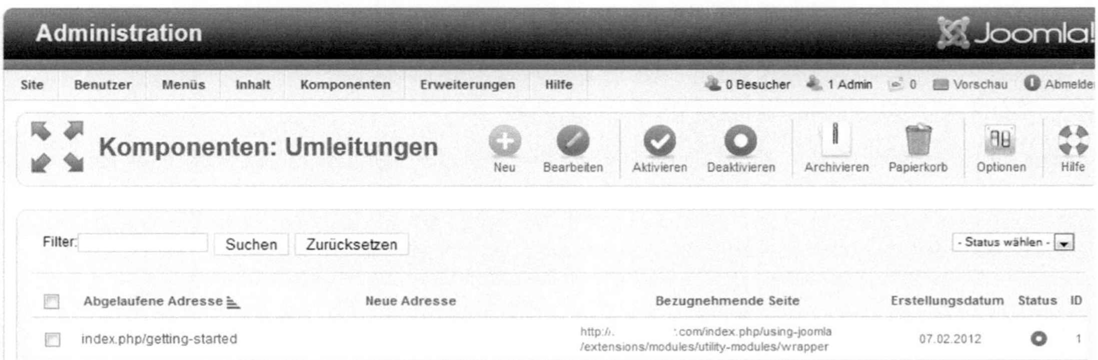

Abbildung 78: Ihr eben produzierter, fehlerhafter Link.

Klicken Sie darauf:

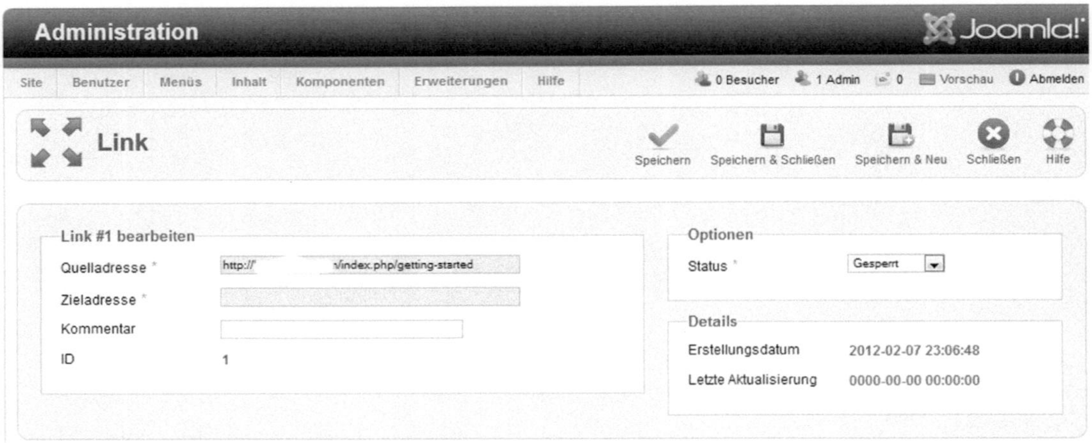

Abbildung 79: Legen Sie eine Umleitung an.

Sie können für diese abgelaufene Adresse nun eine neue Zieladresse festlegen, zu der alle Besucher der alten, abgelaufenen Adresse automatisch weitergeleitet werden. Damit das für Ihr Beispiel funktioniert, geben Sie „/der-anfang“ unter „Zieladresse“ ein. Dadurch werden die Nutzer zur Url http://www.IhreDomain.de/der-anfang umgeleitet. Setzen Sie in den Optionen rechts den Status noch auf „Freigegeben“ und speichern Sie ab. Sie können die Seite im Browser-Fenster nun erneut laden und den Umleitungserfolg betrachten. Alternativ geben Sie die (eigentlich ja nicht mehr existierende) Adresse http://www.IhreDomain.de/gettings-started in die Adress-Zeile Ihres Browsers ein. Sie werden umgeleitet und in der Adresszeile des Browsers steht dann die neue Url.

Werfen Sie also von Zeit zu Zeit einen Blick in die Komponente „Umleitungen“, um zu erfahren, ob neue abgelaufene Adressen existieren – das kann und wird ganz unbeabsichtigt passieren. Nach einer Umstrukturierung einer Webseite fand ich beispielsweise innerhalb weniger Tage weit über 1000 Einträge von abgelaufenen Adressen in der Komponente! Leiten Sie diese um. Am einfachsten ist es, wenn Sie gleich mehrere abgelaufene Adressen umleiten, indem Sie alle umzuleitenden Einträge markieren und ganz unten eine Adresse eintragen:

Abbildung 80: Leiten Sie mehrere Urls mit einem Eintrag um.

So können Sie zum Beispiel alle abgelaufenen Adressen einfach pauschal auf die Startseite Ihrer Webpräsenz umleiten.

Nutzen Sie diese Komponente auf jeden Fall, denn sie verhindert wirkungsvoll, dass Suchmaschinen Ihre Webpräsenz abstrafen und Ihnen Besucher durch fehlerhafte Links verloren gehen.

12. Erweiterungen verwalten

In der Joomla Standardinstallation finden Sie bereits viele nützliche Funktionen, Komponenten, Module und Plugins. Allerdings ist das längst nicht alles und erfüllt auch nicht alle Wünsche. Daher werden Sie sicherlich nicht darum herum kommen, weitere Komponenten, Module und Plugins zu Ihrer Joomla-Installation hinzufügen. Was es da alles gibt, erfahren Sie auf: http://www.extensions.joomla.org

Und ich denke, es ist keine Übertreibung, wenn ich prophezeie, dass die o.g. Webadresse die von Ihnen in Zukunft im Zusammenhang mit Joomla am häufigsten besuchte sein wird. Denn dort finden Sie ein Verzeichnis nahezu aller aktuellen Erweiterungen, die es für Joomla gibt. Vollständig ist die dortige Liste sicherlich nicht, aber unter den dort gelisteten fast 9000 Erweiterungen finden Sie fast immer das passende für Ihre Wünsche.

Und Joomla macht es Ihnen wirklich sehr einfach, diese neuen Erweiterungen zu nutzen. Das können Sie an einem Beispiel üben. Nehmen wir an, Sie möchten im Rahmen der Suchmaschinenoptimierung den Besuchern Ihrer Webseite die Möglichkeit geben, Ihre Seite über Facebook etc. zu verbreiten. Dafür müssen Sie die sog. Social Bookmark Buttons auf Ihrer Seite anbieten, die dann Nutzer anklicken können, wenn Sie Ihre Seite mit „I like“ loben wollen (für Facebook gesprochen).

Suchen Sie im o.g. Verzeichnis der Erweiterungen nach „Nice Social Bookmark“ und Sie finden ein Modul, das genau so heißt. Den Download finden Sie alternativ auch unter: http://www.salamander-studios.com/download

Laden Sie dort die Datei „mod_nice_social_bookmark_1.7.1.zip“ herunter. Übrigens sind alle Erweiterungen in der Regel als ZIP-Datei erhältlich und heißen „com_name.zip“ für Komponenten, „mod_name.zip“ für Module und „plg_name.zip“ für Plugins. Nachdem Sie die Datei gespeichert haben, begeben Sie sich ins Backend zu „Erweiterungen >> Erweiterungen“:

Abbildung 81: Verwalten Sie bestehende und zusätzliche Teile von Joomla.

Wählen Sie die gerade heruntergeladene Datei aus, indem Sie auf „Durchsuchen“ klicken und die Datei dann auswählen. Klicken Sie anschließend auf „Hochladen & Installieren“. Bereits nach kurzer Zeit bekommen Sie die Erfolgsmeldung „Die Modul-Installation wurde erfolgreich abgeschlossen.“

Gehen Sie nun zur Übersichtsliste der Module (unter „Erweiterungen >> Module“). Dort sehen Sie in der Liste der angelegten Module als obersten Eintrag bereits das neue Modul „Nice Social Bookmark“. Beachten Sie, dass der Status aktuell noch auf „gesperrt“ steht. Übrigens: Sollten Sie das Modul noch nicht in der Liste finden, dann können Sie ein neues Modul dieses Typs anlegen, indem Sie auf „Neu“ klicken, denn in der dann verfügbaren Auswahlliste der Modultypen ist der Modultyp „Nice Social Bookmark“ dann auch enthalten.

Aber klicken Sie jetzt den Namen des Moduls in der Übersicht an, um die Details festzulegen (Abbildung 83).

Sie müssen nun den Status auf „Freigegeben“ umstellen und dem ganzen eine Position im Template zuweisen. Geben Sie dort aus praktischen Gründen „position-7“ ein, theoretisch können Sie aber auch jede andere im aktuellen Template verfügbare Position wählen. Rechts können Sie übrigens noch auswählen, welche Icons dieses Modul zeigen soll. Verstellen Sie das nach Ihrem Geschmack – im aktuellen Beispiel möchte ich nur den Facebook-Button sehen und setze daher alle anderen Buttons auf „no“.

Jetzt sind Sie fast fertig, werfen Sie aber noch einen Blick auf die Menüzuweisung unterhalb der Detaileinstellungen. Dort finden Sie Modulzuweisung mit der Einstellung „Keine Seiten". D.h. aktuell wird Ihr Modul selbst dann nicht angezeigt, wenn Sie es freigegeben haben. Stellen Sie diese Option also um auf „Auf allen Seiten".

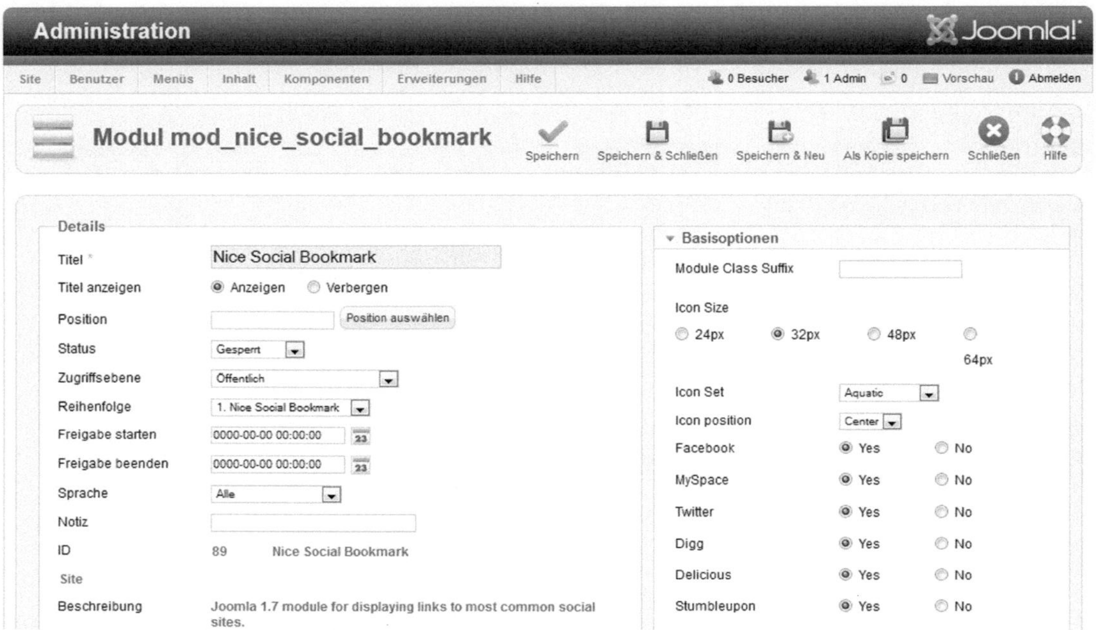

Abbildung 82: Detailansicht des Moduls Nice Social Bookmark.

Speichern Sie dann und sehen sich das Ergebnis im Frontend an:

Abbildung 83: Das neue Modul mit dem Facebook-Button in Position 7.

Spielen Sie ein wenig mit dem Erscheinungsbild des Moduls herum. Aktivieren Sie neue Buttons, ändern Sie die Größe der Buttons und die Ausrichtung usw. (in der Detailansicht des Moduls im Backend). Sie sollten auch den Titel des Moduls ändern, den „Nice Social Bookmark" sagt Ihren Nutzern nicht soviel. Setzen Sie die Option „Titel anzeigen“ in den Moduldetails auf „Verbergen“ oder ändern Sie den Titel zum Beispiel in: „Zeigen Sie anderen, was Ihnen gefällt“.

So einfach ist das. Und auf diese Art können Sie auch alle anderen Erweiterungen installieren und nutzen: Laden Sie die Paketdateien (.zip) von den Anbietern herunter, installieren Sie diese über die Install-Funktion von Joomla und nutzen Sie sie. Module finden Sie dann in der Modulübersicht, Plugins in der Plugin-Übersicht und Komponenten finden Sie dann sogar mit einem eigenen Menüpunkt im Backend-Menü „Erweiterungen“ und meistens auch mit ein paar zusätzlichen Optionen für die Menüpunkte-Auswahl, wenn Sie einen neuen Menüpunkt anlegen. Zum Beispiel bietet Ihnen eine von Ihnen frisch installierte Kalender-Komponente den Menüpunkt-Typ „Kalender“, um eine Webseite zu erzeugen, die einen Kalender mit Ihren (in der Komponente angelegten) Terminen anzeigt. Denn einen Kalender kann die Standard-Installation nicht anzeigen.

Deinstallieren von Erweiterungen

Genauso wie Sie neue Erweiterungen installieren können, können Sie auch bestehende deinstallieren. Klicken Sie dazu im Backend-Menü auf „Erweiterungen >> Erweiterungen“ und dann auf „Verwalten“:

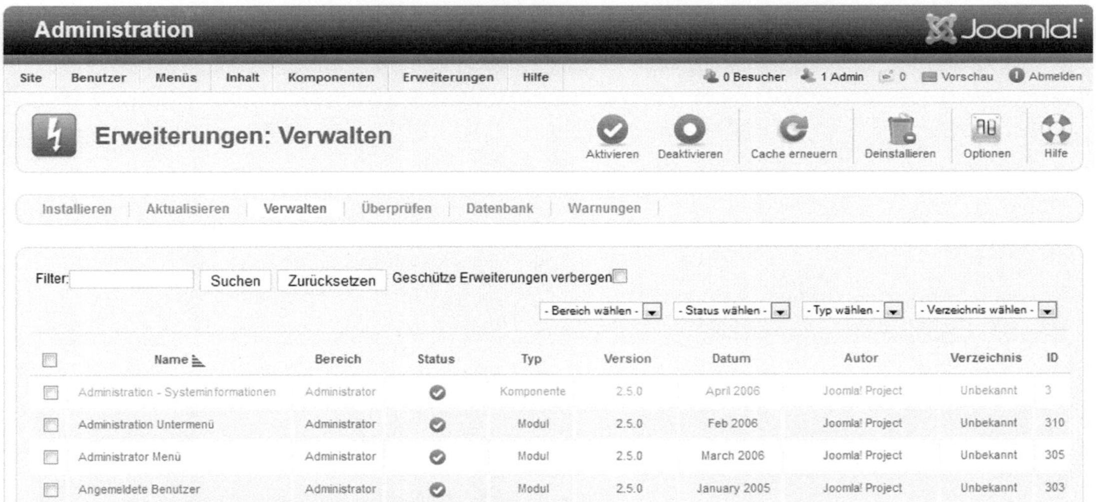

Abbildung 84: De-Installieren Sie Ihre Erweiterungen.

Sie sehen dann eine Übersichtsliste aller verfügbaren Erweiterungen. Diese können Sie erneut mit der Filter-Zeile so ausdünnen, dass Sie z.B. nur Module oder nur Komponenten usw. angezeigt bekommen. Suchen Sie nun das Nice Social Bookmark-Modul. Dies finden Sie, indem Sie „Bookmark“ in das Suchfeld des Filters eingeben, oder indem Sie im Dropdown-Menü „Typ wählen“ die Option „Modul“ auswählen und dann ziemlich weit nach unten scrollen bzw. die zweite Seite der angezeigten Liste durchsuchen. Wenn Sie das Modul gefunden haben, dann markieren Sie es durch einen Haken in der Checkbox der betreffenden Zeile und klicken Sie dann auf „Deinstallieren“ in der Funktionsleiste oben rechts. Sie bekommen nach wenigen Augenblicken die Erfolgsmeldung „Die Modul-Deinstallation wurde erfolgreich abgeschlossen“. Und werfen Sie einen Blick in Ihr Frontend: Das Modul ist auch dort verschwunden.

Übrigens: In der Liste der Erweiterungen sind mache Einträge hellgrau und andere etwas dunkler geschrieben. Die hellgrauen können Sie nicht De-Installieren, da Joomla diese dringend benötigt. Ein guter Schutz, der Sie davor bewahrt, Ihre Seite versehentlich zu zerstören.

Und warum sollten Sie die De-Installation überhaupt nutzen? Ganz einfach: Komponenten, Module oder Plugins, die Sie nicht nutzen, nehmen unnötig Speicherplatz in Anspruch und stellen eventuell auch ein Sicherheitsrisiko da. Denn jedes zusätzliche Programm hat möglicherweise Sicherheitslücken – installieren Sie daher nur das, was Sie auf jeden Fall brauchen.

Klicken Sie sich nun kurz durch die anderen Menüpunkte unter „Erweiterungen >> Erweiterungen“: Aktualisieren / Überprüfen / Datenbank / Warnungen. Ändern Sie dort nur etwas, wenn Sie dringend dazu aufgefordert wurden und wissen, was Sie tun. Am ehesten können die die Empfehlungen unter „Aktualisieren“ nutzen. Dort erfahren Sie ggf. Informationen, ob von Ihnen installierte Erweiterungen in einer aktuelleren Version vorliegen und können diese dann aktualisieren.

Steht ein Update von Komponenten an, sollten Sie sicherheitshalber den Hersteller kontaktieren, um herauszufinden, ob das Update durch einfaches „Drüber-Installieren“ der neuen Version über die alte bereits bei Ihnen installierte Version geschieht, oder ob Sie ein bestimmtes Update-Paket brauchen.

Joomla aktualisieren

Alle paar Monate erscheint eine neue Joomla-Version. Meistens aufgrund von neu erkannten Sicherheitslücken, die umgehend behoben werden. Aber spätestens seit Joomla 2.5 haben Sie damit keine großen Probleme mehr: Unter „Erweiterungen >> Aktualisieren“ finden Sie immer eine Übersicht über anliegende Update von Joomla:

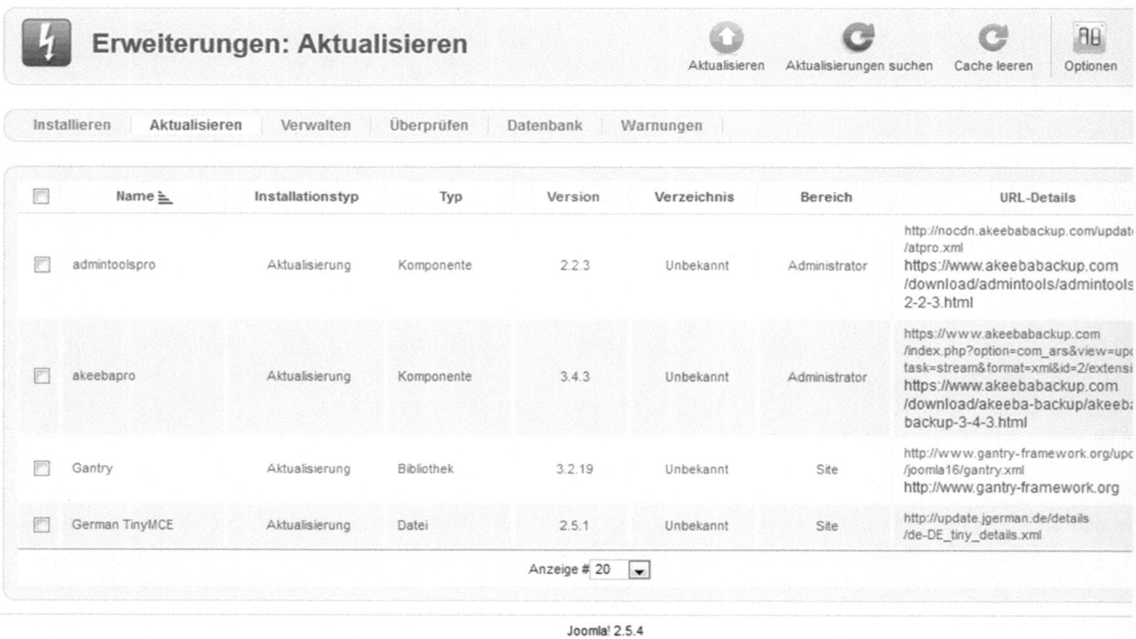

Abbildung 85: Joomla ist aktuell, aber es stehen andere Erweiterungen zur Aktualisierung an.

In Abbildung 85 erkennen Sie, dass keine Joomla-Aktualisierung angezeigt wird. Wenn Sie eine der empfohlenen Aktualisierungen durchführen wollen, setzen Sie einen Haken in die Checkbox am Beginn der betreffenden Zeile und Klicken in der Funktionsleiste auf „Aktualisieren“. Wenn Sie sicher gehen wollen, führen Sie zuvor ein Sicherheitsbackup Ihrer Webseite mit der Erweiterung Akeeba Backup durch. Dann haben Sie eine Sicherheitskopie Ihrer Webseite für den Fall, dass eine Aktualisierung irgend etwas zerstören sollte.

Die Liste der anstehenden Aktualisierungen können Sie auch selbst immer wieder prüfen, indem Sie die Funktionsbuttons „Cache leeren“ und „Aktualisierunegen suchen“ nacheinander anklicken, dann sucht Joomla nach neuen Aktualisierungen.

Übrigens: Unter „Erweiterungen >> Datenbank“ finden Sie Meldungen über die Aktualität der MySQL-Datenbank Änderungen, die Joomla an der MySQL-Datenbank vorgenommen hat. Selten kann es vorkommen, dass dort Unregelmäßigkeiten angezeigt werden. Diese können Sie mit einem Klick auf den Funktionsbutton „Reparieren“ beheben – aber auch hier sei Ihnen empfohlen, zumindest eine nicht zu stark veraltete Backup-Kopie Ihrer Webseite als Sicherheit in Reserve zu haben, falls etwas schiefgeht.

13. Spracheinstellungen und Overrides

Wenn Sie die richtige Sprachversion von Joomla installiert haben, sind alle Texte im Backend auf Deutsch und alle von Joomla generierten Texte im Frontend ebenfalls in Deutsch. Sehen Sie sich die installierten Sprachpakete unter „Erweiterungen >> Sprache“ an:

Abbildung 86: Sie haben aktuell die englische und die deutsche Sprachdatei installiert.

Sie sehen an den beiden Menüpunkten „Installiert – Site“ und „Installiert – Administrator“, dass Sie für Frontend und Backend getrennt die Sprache festlegen können. Setzen Sie beides auf „Englisch“, indem Sie die Zeile markieren und dann auf „Standard“ klicken. Alternativ können Sie auch auf den blassen Stern in der jeweiligen Zeile klicken, er wird dann gelb/gold. Sehen Sie sich das Frontend und Backend an und stellen die Optionen dann wieder um.

Übrigens bringen alle Module und Komponenten, die irgendwo etwas darstellen, eigene Sprachdateien mit. Diese sind nicht direkt einsehbar. Wenn dann irgendwo ein Wort oder Satz auftaucht, den Sie gerne anders bezeichnen würden, dann haben Sie ein Problem. Denn Sie müssten mittels FTP die entsprechenden Sprach-Dateien der jeweiligen Komponenten einsehen und dies dort verändern. Zum Beispiel wäre es denkbar, dass Sie eine Kalender-Komponente installiert haben und nutzen, bei der dem Übersetzer ein Fehler unterlaufen ist. Statt „Januar“ schreibt die Komponente immer „Jannuar“.

Dazu müssen Sie eines wissen: Im Programmcode von Joomla steht nie das zu verwendende Wort direkt drin, sondern nur ein Platzhalter (=Sprachkonstante). Für das Wort des Monats Januar wäre als Sprachkonstante denkbar „Calendar_Month_January“. Findet Joomla diese Sprachkonstante im Programmcode, ersetzt es diesen durch einen Text aus einer Sprachdatei, die genau dieser Sprachkonstante zugeordnet ist. Dadurch können alle Nutzer rund um den Globus die gleiche Komponente (mit einer universalen Sprachkonstante) verwenden und brauchen nur jeweils eine andere Sprachdatei, in der sich dann das passende Wort in der gewünschten Sprache befindet. Joomla sucht sich dann jeweils aus der gültigen Sprachdatei das passende Wort für den Platzhalter aus. In den Sprachdateien steht dann in jeder Zeile eine Zuordnung von Platzhalter zu übersetztem Wort: „Platzhalter_des_Wortes=Das passende Wort in der gewünschten Sprache". Und immer wenn im Programmcode „Platzhalter_des_Wortes" auftaucht, setzt Joomla „Das passende Wort" ein. In dem Beispiel „Jannuar" ist also der Eintrag „Calendar_Month_January=Jannuar" in Ihrer Sprachdatei enthalten und müsste geändert werden.

Sie können das ändern, indem Sie die Sprachdatei im Joomla-Dateiverzeichnis aufsuchen und den Eintrag ändern. So wurde es bislang gemacht (zumindest grob). Das war aufwändig und vor allem wären alle Ihre Änderungen weg, wenn Sie z.B. im Rahmen eines Updates auch eine neue Sprachdatei installieren. Joomla 2.5 bringt jetzt eine neue Methode mit: die Overrides. Auf Deutsch „die Überschreibung". Damit können Sie Einträge aus Sprachdateien überschreiben, ohne direkt in diesen Sprachdateien etwas zu verändern.

Klicken Sie dazu auf „Erweiterungen >> Overrides" und dann auf „Neu":

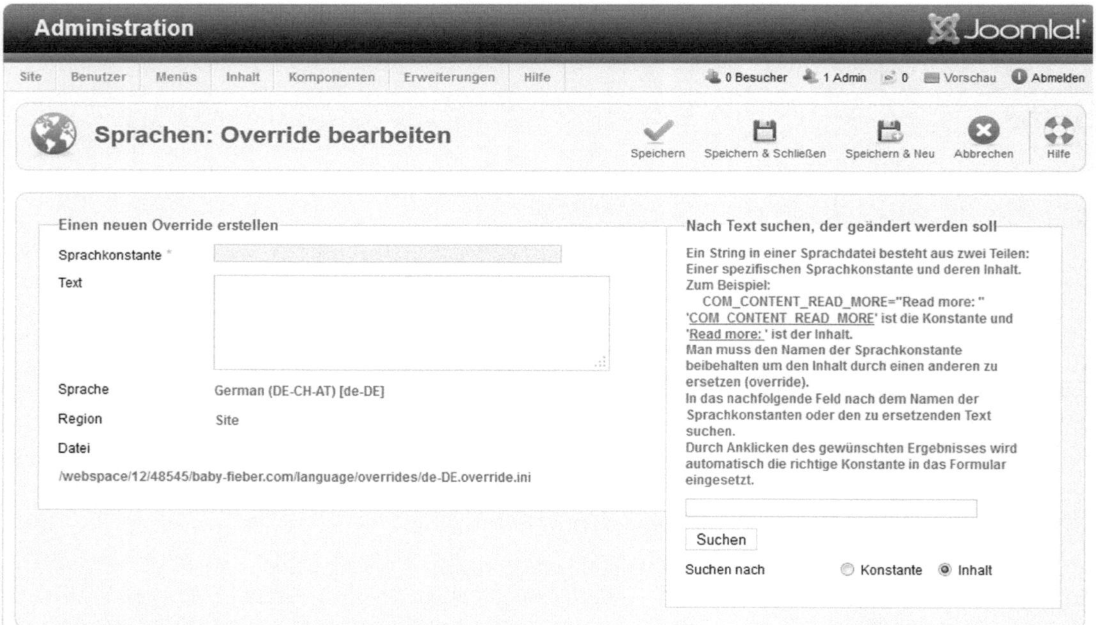

Abbildung 87: Legen Sie einen neue Override an.

Sie nutzen zunächst die Suchfunktion auf der rechten Seite, um die Sprachkonstante für das Wort zu finden, das Sie verändern wollen. Im Beispiel mit der Kalender-Komponente würden Sie nach „Jannuar" suchen und das Ergebnis wäre „Cal_Month_January". So würden Sie links unter „Sprachkonstante" diese Zeichenkette eintragen und als Text „Januar" und Joomla würde in Zukunft die Sprachkonstante „Cal_Month_January" immer durch „Januar" ersetzen.

Dazu eine Übung: Nehmen Sie an, Sie möchten die Beschriftung „aktuelle Seite" verändern, die Sie im Frontend auf der linken Seite finden (siehe Screenshot):

Abbildung 88: "Aktuelle Seite" gefällt Ihnen nicht, erstellen Sie einen Override.

Geben Sie „Aktuelle Seite“ in das Suchfeld der Override-Funktion ein und betrachten die Suchergebnisse, die Ihnen angezeigt werden:

Abbildung 89: Die Suchergebnisse des Override-Suche.

Sie sehen, dass die Sprachkonstante für die Worte „Aktuelle Seite:“ „MOD_BREADCRUMBS_HERE“ ist. Tragen Sie also links diesen Term unter „Sprachkonstante“ ein (viel cooler ist es, wenn Sie die Sprachkonstante in den Suchergebnissen mit der Maus markieren, sie wird dann automatisch nach links übernommen!) und tragen Sie unter „Text“ die gewünschte zukünftige Bezeichnung ein, z.B.: „Sie befinden Sie gerade hier:“.

Speichern Sie und betrachten Sie das Frontend:

Abbildung 90: Der Override funktioniert!

Tatsächlich hat der Override funktioniert und Sie haben der Sprachkonstanten eine andere deutsche Übersetzung zugewiesen.

Achtung! Für das Verständnis der Funktion ist es ganz wichtig zu verstehen, welche Wörter/Texte durch Ersetzen einer Sprachkonstante generiert werden und welche nicht. Grundsätzlich ist es so, dass ALLE Textteile, auf die Sie irgendwie direkten Zugriff haben (Modultitel, Artikeltitel, Artikeltexte und so weiter) NICHT durch eine Sprachkonstante generiert werden, sondern durch den von Ihnen eigegebenen Text in Modulen, Komponenten oder Artikeln. Textteile, die durch Ersetzen von Sprachkonstanten entstehen, sind solche, auf die Sie normalerweise keinen Zugriff haben. Und wenn Sie auf der Suche nach einer Sprachkonstanten für ein oder mehrere Wörter kein vernünftiges Ergebnis in der Suchfunktion bekommen, dann liegt das meistens an:

- Sie versuchen ein Wort im Backend ersetzen. Die Suchfunktion funktioniert aber (noch) nur für das Frontend.

- Sie versuchen eine Sprachkonstante für Textteile zu finden, die keine Sprachkonstante besitzen, sondern irgendwo von Ihnen direkt eingegeben werden können. Suchen Sie danach!

Beispiel: In obigem Screenshot lesen Sie „Über Joomla!". Dies ist der Titel des Menü-Moduls, das an dieser Stelle platziert ist. Diesen können Sie nicht ändern, indem Sie ein Override erstellen. Wenn Sie dies in die Suchfunktion des Overrides eingeben, bekommen Sie die Nachricht „Keinen passenden Text gefunden." Denn der Titel des Menüs wird nicht durch Zuweisung eines Textes zu einer Sprachkonstante generiert, sondern wird von Ihnen in der Detailansicht des betreffenden Moduls festgelegt. Klar? Die Zusammenhänge sind zugegebenermaßen nicht einfach zu verstehen, aber mit der Zeit werden Sie dahinter kommen.

14. Templates – das Design Ihrer Webseite

Templates bestimmen das Design Ihrer Webseite und bestehen ganz wesentlich aus der Programmsprache CSS (Cascading Style Sheet). Da ich Ihnen versprochen habe (und in diesem Buch auch ganz klar eine Abgrenzung machen möchte), steige ich mir Ihnen nicht in Programmiertechnik ein, sondern behandele diese Thema möglichst einfach für Sie.

Wichtig für Templates ist:

- Sie weisen Ihrer Webpräsenz ein Template zu.
- Der Kerninhalt jeder Joomla-Webseite wird immer zentral im Template angezeigt
- Jedes Template hat darüber hinaus verschiedene Modul-Positionen, in die Sie Module setzen können. Diese werden vom Entwickler des jeweiligen Templates programmiert und benannt. Dadurch gibt es keine Standardisierung und jedes Template verfügt über individuelle Positionen mit individuellen Bezeichnungen. Das erschwert den Wechsel von einem Template auf ein anderes für Sie teilweise erheblich (weiter unten mehr dazu)

Sehen Sie sich die Liste der verfügbaren Templates unter „Erweiterungen >> Templates" an:

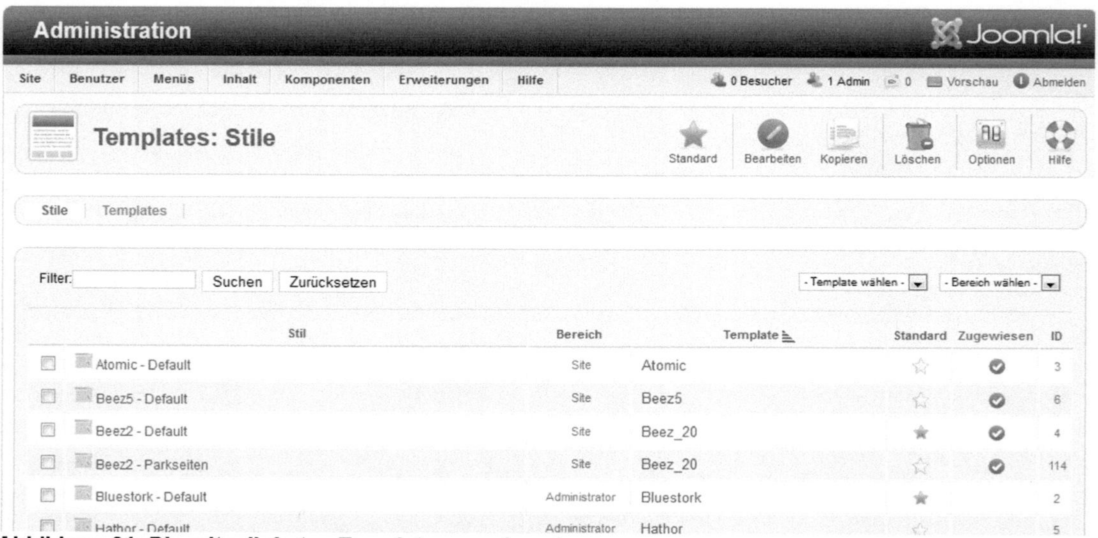

Abbildung 91: Die mitgelieferten Templates von Joomla.

Sie erkennen, dass jeweils ein Design dem Backend und ein Design dem Frontend zugeordnet ist. Markieren Sie das Template „Beez5“ mittels Häkchen in der Checkbox ganz links in der Liste und klicken Sie auf „Standard“ in der Funktionsleiste. Nun ist das Template Beez5 das Standard-Template für Ihr Fonrtend, erkennbar durch den gelben Stern in der Zeile des Templates. Sehen Sie sich die Auswirkungen auf das Frontend an:

Abbildung 92: Ihre Webseite in komplett neuem Look.

Sie sehen im Wesentlichen die gleichen Inhalte in der Einstellung mit dem anderen Template (und daher mit einem ganz neuen Design). Das liegt daran, dass „Beez5“ und „Beez2“ (das zuvor eingestellte Template) sehr verwandte Templates sind und beide über ähnliche Modul-Positionen verfügen, denn:

Wenn Sie ein Template wechseln und Module dann einer Position zugewiesen sind, die es in dem neuen Template gar nicht mehr gibt (weil sie vom Programmierer dieses Templates nicht vorgesehen sind), dann werden diese Module nicht mehr zu sehen sein. Denn Ihre Anweisung an Joomla: „Zeige Modul XY in Position Z“ kann nicht mehr umgesetzt werden. Sie werden erst wieder im Frontend sichtbar, wenn Sie eine Modul-Position zuweisen, die es in dem neuen Template gibt!

Daraus können Sie schließen: Sowohl in Beez2 als auch in Beez5 gibt es eine „position-7“, denn dort hatten Sie sowohl Ihr Menü-Modul auch Ihr Beliebteste-Beiträge-Modul platziert und beide sind auch in Beez5 noch zu sehen. Ändern Sie das Template erneut, indem Sie „Atomic“ zum Standard machen:

Abbildung 93: Im Template Atomic gibt es offensichtlich keine "position-7".

Plötzlich ist kein Modul mehr zu sehen, denn Atomic besitzt ganz andere Positionen als die beiden Templates Beez2 und Beez5.

Gehen Sie in die Detailansicht des Moduls „Mein Menü Modul“:

Abbildung 94: Wählen Sie eine neue Position für Ihr Modul, damit es wieder sichtbar ist.

und klicken Sie auf den Button „Position wählen“:

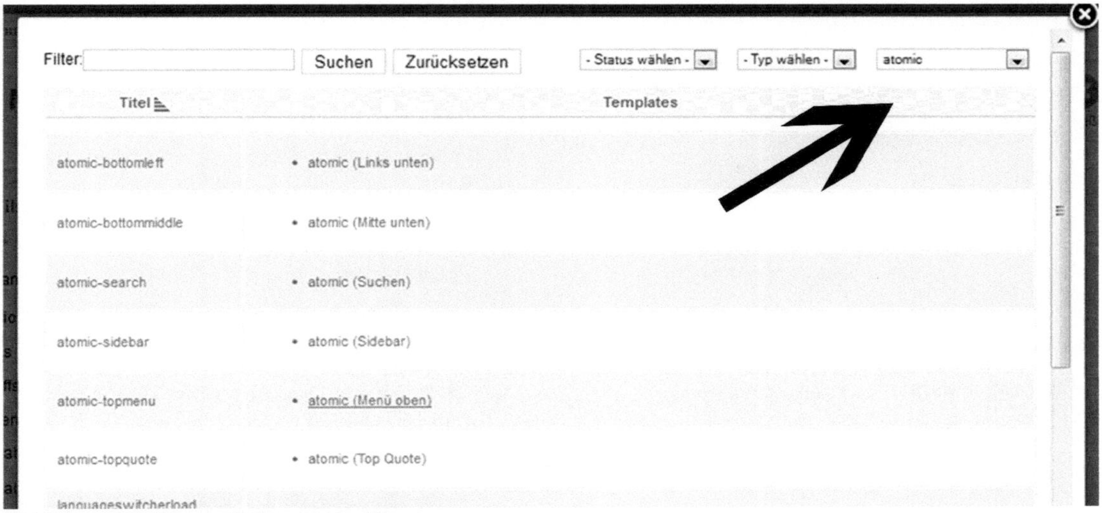

Abbildung 95: Die verfügbaren Positionen.

Wählen Sie nun im Dropdown-Feld ganz rechts oben („Template wählen") das Template „Atomic" aus, um nur solche Positionen angezeigt zu bekommen, die auch in diesem Template existieren. Sie sehen dann, dass es in diesem einfachen Template „nur" 6 Positionen gibt. Weisen Sie den Menü-Modul die Position „atomic-topmenu" zu, und damit es auch ansonsten nicht so leer ist, weisen Sie Ihrem Modul „Beliebte Beiträge" die Position „atomic-bottomleft" zu (dazu müssen Sie natürlich wieder in die Detailansicht dieses Moduls). Sehen Sie sich nun das Frontend erneut an: Sie finden das Menü mit einem Menüpunkt in einer horizontalen Menü-Zeile und die „Beliebten Einträge" links unten auf der Webseite. So einfach ist das.

Übrigens: Wenn Sie jetzt wieder auf eines der anderen beiden Templates „Beez2" oder „Beez5" zurückwechseln, sind Ihre beiden Module schon wieder nicht mehr sichtbar, denn die beiden Positionen „atomic-topmenu" und „atomicbottomleft" gibt es in beiden Templates nicht. Also müssen Sie diese wieder ändern.

Templates zuweisen

Sie können auch für jeden einzelnen Menüpunkt ein bestimmtes Template zuweisen und damit mehrere verschiedene Templates auf Ihrer Webseite einsetzen. Das ist zwar mit Joomla möglich, aber ich empfehle es Ihnen eigentlich nicht. Besucher Ihrer Webseite werden dadurch möglicherweise verwirrt und wissen nicht mehr, auf welcher Webseite sie sich eigentlich gerade befinden. Und auch Sie werden vermutlich Ihre liebe Mühe damit haben, denn wenn Sie für einzelne Menüpunkte verschiedene Templates nutzen, dann bedeutet das auch, dass auf jeder Webseite ihrer Webpräsenz andere Modulpositionen gültig sind und das kann dann leicht dazu führen, dass Sie den Überblick verlieren und wichtige Module auf einzelnen Seiten nicht mehr angezeigt werden.

Dennoch hier eine Kurzanleitung: Weisen Sie ein Template wie Sie es gelernt haben als „Standard" zu. Öffnen Sie dann ein anderes Template, dass Sie einzelnen Menüpunkten zuweisen wollen durch Anklicken des Namens in der Template-Übersicht. Im unteren Teil des Bildschirms finden Sie dann eine Anzeige aller Menüs und Menüpunkte. Diese können Sie dann durch einfaches auswählen von Check-Boxen so markieren, wie Sie es wollen. Für die markierten Menüpunkte wird dann nicht mehr das „Standard"-Template angezeigt, sondern das speziell dafür ausgewählte.

Templates verändern/anpassen

Ohne Kenntnisse im Programmieren von CSS bleiben Ihnen an Einflussmöglichkeiten auf das Aussehen des Templates nur die Möglichkeiten, die der Entwickler Ihnen bietet. Das sind nicht viele, aber die sollten Sie kennen.

Abbildung 96: Optionen des Templates Beez2

Im oberen Bereich des Beez2-Templates finden Sie zum Beispiel einen blauen, breiten Banner mit einem Joomla-Logo und eine Schriftzug „Open Source Management“. Joomla-Logo und Schriftzug können Sie unter den Einstellungen in der Detailansicht des Templates auswählen. Klicken Sie dazu auf den Namen des Templates in der Template-Übersicht des Backends (unter „Erweiterungen >> Templates“) und sehen Sie die „Erweiterten Optionen“ an (siehe Abbildung 96)

Klicken Sie auf den Button „Auswählen“ und verwenden Sie eine andere Grafik als Logo. Wenn Sie möchten, können Sie auch eine eigene hochladen und verwenden. Außerdem geben Sie unter „Seitenbeschreibung“ einen anderen Satz ein. Sehen Sie sich die Veränderungen im Frontend an:

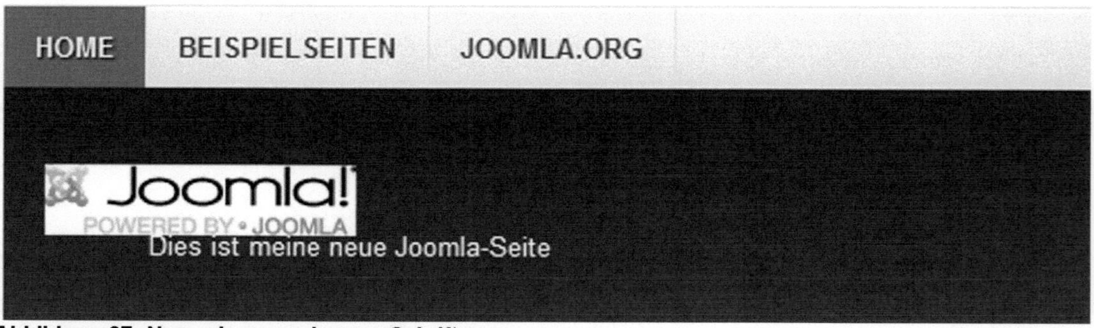

Abbildung 97: Neues Logo und neuer Schriftzug

Sie können auch den blauen Hintergrund-Banner verändern. Allerdings geht das nicht über die „Erweiterten Optionen“. Um diesen Banner zu ändern, müssen Sie wissen, woher Joomla in bezieht: Er ist als Grafik mit dem Format 1060 x 288 Pixel unter dem Namen „personal2.png“ im Ordner „/templates/beez_20/images/personal/“ Ihrer Joomla-Installation gespeichert. Sie können ihn verändern, indem Sie eine Grafik mit dem gleichen Format erstellen (ansonsten wird sie eventuell verzogen, Sie können aber auch ein anderes Format ausprobieren) und unter diesem Namen mittels FTP in dem genannten Ordner abspeichern (den ursprünglichen Banner sollten Sie dann irgendwo als Sicherungskopie aufbewahren). Zur Erstellung solcher Grafiken eignet sich z.B. Adobe Photoshop sehr gut. Dann könnte Ihre Seite so aussehen:

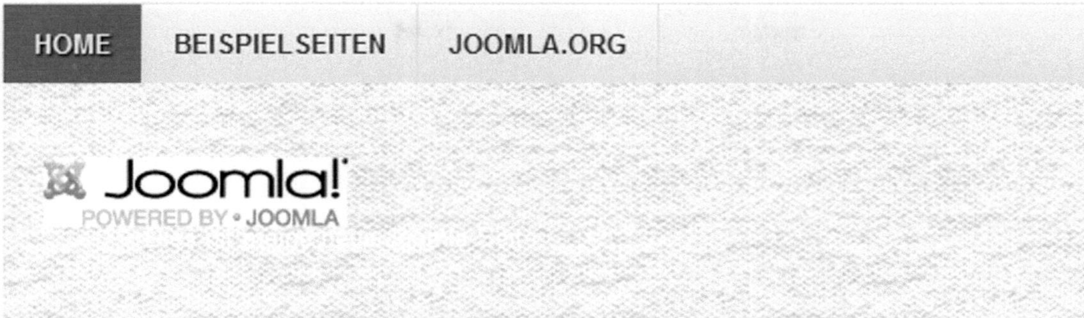

Abbildung 98: Statt des Standard-Banners habe ich eine hässliche Grafik eingefügt.

Letztendlich sind Ihren Ideen keine Grenzen gesetzt. Jedes Template bringt da seine eigenen Einstellungen und Designs mit, Sie müssen individuell anpassen und ändern, wenn Sie neue Templates installieren und verwenden. Beachten Sie für Beez2 auch noch die Option „Position der Navigation“ und „Template-Farbe“. Insbesondere die Template-Farbe „natur“ macht das Template zu einer sehr guten Grundlage für Ihre erste Webseite! Probieren Sie es aus und sehen Sie sich das Ergebnis im Frontend an.

Quellen für Templates

Joomla bringt ja ein paar wenige Templates mit, aber auf Dauer werden Sie damit nicht auskommen. Auf www.Joomla-Lernen.de finden Sie einige kostenlose und sehr schön anzusehende Templates für Joomla 2.5.

Auf der Webseite http://www.joomlaos.de finden Sie außerdem eine Template-Bibliothek mit einer Hülle von kostenlosen Templates. Natürlich sind diese mitunter nicht ganz so gut aussehend, wie professionelle und für Geld erhältliche Templates. Wenn Sie ein bisschen Geld (ca. 30 – 50 Euro) investieren, dann bekommen Sie richtig „heiße“ Templates bei den Firmen „Rockettheme“ und „Yootheme“ und einer ganzen Reihe anderen, die Sie im Internet finden, wenn Sie nach „Joomla Template“ googeln.

15. Allgemeine Einstellungen

Hinweis: Dieses Buch ist ausdrücklich für den Start mit Joomla geschrieben und für Nutzer, die den einfachen, unkomplizierten Umgang und ein preiswertes Buch schätzen. Eine ausführliche Darstellung der Einstellungsmöglichkeiten würde etwa 15 Seiten füllen und wäre dem vorliegenden Buch nicht angemessen. Daher verzichte ich darauf und gehe nur die wesentlichen Funktionen durch. Wenn Sie mehr über einzelne Funktionen wissen wollen, finden Sie in Joomla gute Tool-Tips und weitere Informationen, wenn Sie den Button „Hilfe“ in der Funktionsleiste klicken. Aber ich kann Ihnen versichern, dass ich persönlich während meiner ersten Jahre mit Joomla allenfalls (wenn überhaupt) die Optionen der Konfiguration nutzen musste, die ich Ihnen im Folgenden erläutere.

Über den Menüpunkt „Site >> Konfiguration“ gelangen Sie in die allgemeinen Einstellungen Ihrer Joomla-Webpräsenz. Klicken Sie auf „Site“:

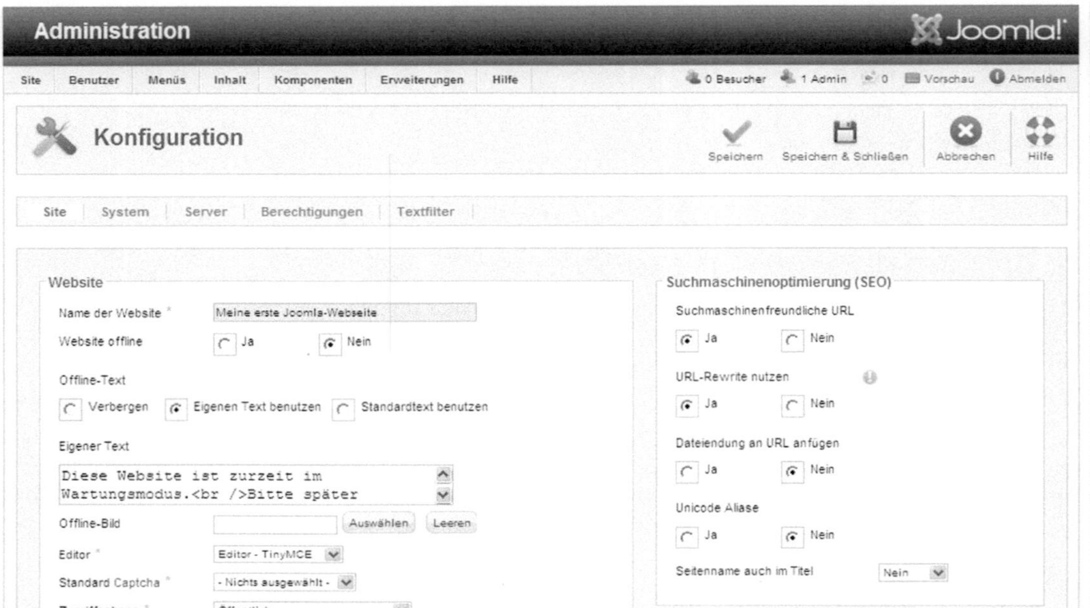

Abbildung 99: Seiten-Konfiguration.

Sehen Sie sich die Parameter unter „Website“ an:

- Name der Webseite: Den haben Sie bereits während der Installation festgelegt. Aus Gründen der Suchmaschinenoptimierung sollten Sie einen Text mit bis zu 80 Zeichen wählen, der für Sie wichtige Keywords enthält.
- Website offline: Entscheiden Sie, ob das Frontend der Webseite erreichbar sein soll. Wenn Sie die Option auf „Ja“ setzen, wird statt dem Frontend eine Wartungs-Information angezeigt. Nutzen Sie das während Sie substanzielle Arbeiten an der Webseite ausführen und diese vorübergehend vor der Öffentlichkeit verbergen wollen. Nur Nutzer mit der Berechtigung „Offline Zugang“ können sich dann noch einloggen und das Frontend ansehen (siehe Screenshot in Abbildung 71). Probieren Sie das gleich mal aus: Setzen Sie Option auf „ja“ und klicken Sie auf „Vorschau“.
- Offline Text: Wählen Sie, welcher Text auf der Wartungsseite angezeigt werden soll. Im Textfeld können sie einen html-Text eingeben. Wenn Sie selbst kein html beherrschen, schreiben Sie einfach den gewünschten Text mit dem Texteditor für die Bearbeitung von Artikeln und lassen sich diesen dann im html-Format anzeigen, indem Sie auf den „html“-Button klicken. Kopieren Sie den Text dann und fügen Sie ihn hier ein. Mit „Offline-Bild“ können Sie auch noch festlegen, ob Sie auf der Offline-Seite eventuell das Logo Ihrer Webseite zeigen wollen o.ä.
- Zugriffsebene: Setzen Sie fest, welcher Zugriffsebene neue Inhalte der Webseite standardmäßig zugerechnet werden. Wenn Sie neue Inhalte zunächst nur registrierten Nutzern zugänglich machen wollen, dann setzen Sie dies z.B. auf „Registriert“.

Weiter links finden Sie Optionen zur „Suchmaschinenoptimierung (SEO)“: Hinweise dazu finden Sie im Kapitel „Suchmaschinenoptimierung“.

Den Reiter „System“ können Sie sich kurz ansehen, Veränderungen brauchen Sie dort jedoch nicht vorzunehmen, Joomla funktioniert mit den Voreinstellungen prächtig. Ähnliches gilt für die Einstellungen unter dem Reiter „Server“. Dort finden Sie einige Angaben wieder, die Sie während der Installation machen mussten, z.B. die Zugangsdaten zur MySQL-Datenbank. Ändern Sie nichts an diesen Einstellungen, da sonst möglicherweise wesentliche Funktionen beschädigt werden.

Wartung

Im Backend-Menü finden Sie unter „Site >> Wartung“ Menüpunkte, die Sie gelegentlich brauchen werden:

Globales einchecken: Wenn ein Content-Element, z.B. ein Artikel gerade von jemandem bearbeitet wird, dann ist dieser „ausgecheckt“. Das äußert sich durch das Anzeigen eines Symbols „Vorhängeschloß“ neben diesem Content-Element im Backend in der Übersichtsliste des jeweiligen Contentelements, z.B. in der Übersichtsliste aller Artikel. Das hat den Sinn, dass nicht mehrere Nutzer gleichzeitig an einem Element arbeiten und es dann Probleme beim Abspeichern gibt. Daher können andere Nutzer ausgecheckte Elemente nicht bearbeiten. Manchmal kommt es aber vor, dass Elemente ausgecheckt bleiben, obwohl niemand mehr daran arbeitet. Das kann passieren, wenn jemand z.B. einen Artikel öffnet, um ihn zu bearbeiten und dann das Browserfenster schließt, ohne die Bearbeitung zu beenden durch Anklicken eines Buttons, der die Bearbeitung mit „Schließen“ beendet. Dieser Artikel bleibt dann ausgecheckt. Sie können als Super Administrator diesen Beitrag denn in der Übersichtsliste im Backend markieren und den Button „einchecken“ der Funktionsleiste verwenden, um den Artikel wieder zur Bearbeitung freizugeben. Oder Sie nutzen die Funktion „globales Einchecken“, um alle ausgecheckten Elemente mit einem Klick wieder freizugeben.

Cache leeren: Joomla speichert aufgerufene Webseiten in einem Zwischenspeicher auf dem Server ab, wenn Sie diese Funktion unter „Site >> Konfiguration : System“ aktivieren. Wird diese Webseite dann innerhalb kurzer Zeit noch einmal (z.B. durch einen anderen Besucher der Webseite) der Auftrag, diese Seite anzuzeigen, dann kann Joomla die gespeicherte Kopie aus dem Zwischenspeicher anzeigen. Das geht etwas schneller, als die betreffende Seite wieder ganz neu zusammenzustellen und anzuzeigen. Joomla spart dadurch also Zeit. Allerdings kann es auch vorkommen, dass die im Zwischenspeicher enthaltene Kopie nicht ganz aktuell ist – zum Beispiel, wenn Sie gerade Veränderungen an der Webseite vornehmen. Um für diese Fälle alle gespeicherten Seiten aus dem Zwischenspeicher zu entfernen, nutzen Sie die Funktion „Cache leeren“. Das müssen Sie aber wirklich nur selten tun, wenn Sie gerade Dinge verändert haben und diese betrachten wollen, da Joomla von sich aus alle 15 Minuten alle gespeicherten Kopien löscht (die Zeitspanne können Sie auch selbst einstellen unter „Site >> Konfiguration >> System: Zwischenspeicher (Cache)“.

16. Suchmaschinenoptimierung

Das Wort ist in aller Munde und das mit Recht, denn:

Suchmaschinenoptimierung entscheidet zu mindestens 75% über den Erfolg Ihrer Webseite!

Denn: Ohne Suchmaschinenoptimierung (SEO, search engine optimization) wird kaum ein Nutzer den Weg auf Ihre Webseite finden und dann können Sie sich noch so anstrengen und eine tolle Webpräsenz erstellen. Leider wird niemand das bemerken. Außer Sie holen sich die Besucher durch Werbung, aber das ist kostspielig und für eine private Joomla-Webseite wohl nicht zu realisieren – aber m.E. auch nicht nötig, wenn Sie das Handwerkszeug der Suchmaschinenoptimierung beherrschen.

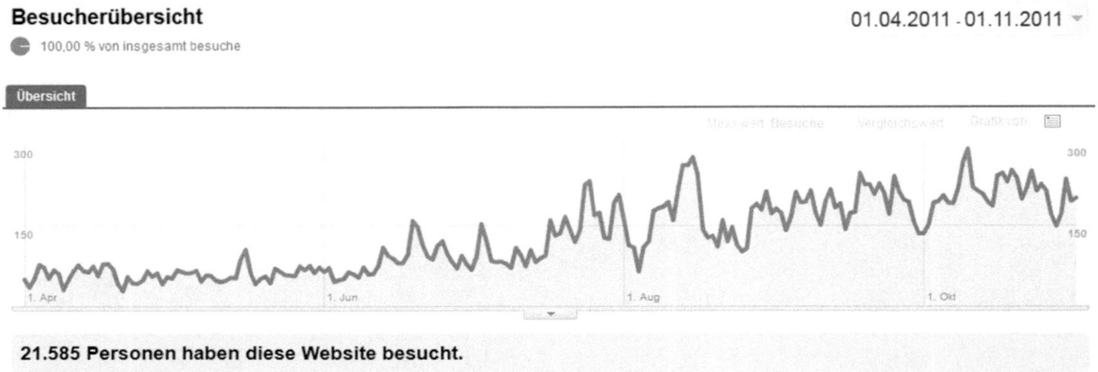

Abbildung 100: Erfolgreiches SEO (Screenshot aus Google Analytics) mit einer Statistik der täglichen Besucherzahlen einer Webseite.

Und außerdem gilt leider: Suchmaschinenoptimierung kostet viel Zeit, wenn Sie erfolgreich sein wollen!

Denn: Bei Google und Co. findet ein globales Rennen um die vorderen Plätze in den Suchergebnissen (SERPs) statt. Jeder kann mitmachen, jeder will vorne sein. Das hat meistens wirtschaftliche Interessen, denn wer im Internet mit einer Webseite Geld verdienen will, der braucht dringend möglichst viele Besucher, die auf Werbebanner klicken oder Dinge in einem Online-Shop kaufen. Und man weiß: Etwa 70-80% der Nutzer, die eine Suche über eine Suchmaschine ausführen, klicken auf den obersten Eintrag in den Suchergebnissen.

Wenn Sie die Pole-Position in den Suchergebnissen zu einer bestimmten Suchabfrage haben wollen, dann müssen Sie besser sein als eine ganze Armee von Konkurrenten. Und man kann dicke Wälzer über die Suchmaschinenoptimierung schreiben. Ich möchte Ihnen ein paar essentielle Dinge mit auf den Weg geben, und wenn Sie weiterhin Interesse an der Suchmaschinenoptimierung haben, dann melden Sie sich doch für den Newsletter auf http://www.joomla-lernen.de an, dort biete ich immer wieder aktuelle Informationen und Tipps dazu an.

Begriffsklärung: Suchmaschinenoptimierung

Suchmaschinenoptimierung ist die Anpassung einer Webpräsenz an die Analyse-Algorithmen der Suchmaschinen, um letztendlich mit der optimierten Webseite eine möglichst gute Position in den Suchergebnissen zu einem bestimmten Suchwort (Keyword) zu erreichen. Und damit natürlich mehr Besucher auf die eigene Seite zu bekommen.

Begriffsklärung: Crawler/Robots

Die Suchmaschinen analysieren alle Webseiten, die sie im Internet finden und machen eine Qualitätsanalyse. Um das zu bewerkstelligen, müssen die Suchmaschinen alle Webseiten erfassen und speichern. Dies tun sie mit Hilfe kleiner Programme, die nichts anderes tun, als das Internet zu durchwandern und Webseiten zu speichern und zu analysieren. Diese Programme werden als Crawler oder Robots („Bots") bezeichnet. Sie locken die Robots der Suchmaschinen z.B. auf Ihre Seite, indem diese Programme irgendwo einen Link finden, der auf Ihre Webseite verweist. Da dies mitunter nicht so einfach ist, biete ich Ihnen auf http://www.joomla-lernen.de eine einfache Möglichkeit. Sie können dort einen Link zu Ihrer Webseite platzieren. Solange Ihre Webseite mit Joomla erstellt wurde, werden Sie in die Liste der Links aufgenommen und bald wird eine Suchmaschine durch diesen Link auf Ihre neue Webseite aufmerksam werden und Sie dann immer wieder besuchen, um Ihre Webseite zu erfassen. Und damit haben Sie dann auch schon den ersten Backlink! (Siehe unten)

Keywords

Keywords haben eine zentrale Bedeutung für die Suchmaschinenoptimierung, denn Sie optimieren in der Regel immer mit Blick auf für Sie besonders wichtige Suchbegriffe. Wenn Sie einen Wein-Handel über das Internet betreiben, werden für Sie wichtige Keywords solche Wörter sein wie „Wein“, „Wein-Shop“ oder „Rotwein kaufen“. Der erste Schritt der Suchmaschinenoptimierung ist daher die Identifikation wichtiger Keywords. Das können Sie in einer Art „Brainstorming“ machen, indem Sie Ihre Einfälle aufschreiben („Bei welcher Suche sollte der Suchende Ihre Seite finden?“). Sie sollten aber auch den Dienst von Google in Anspruch nehmen, um nachzuschauen, welche Keywords tatsächlich von Nutzern für Suchanfragen bei Google genutzt werden. Dazu gehen Sie zum Google Keyword Tool:

https://adwords.google.com/select/KeywordToolExternal

Geben Sie dort die von Ihnen favorisierten Begriffe ein und sehen Sie sich an, wie oft diese von Benutzern verwendet werden. Außerdem erhalten Sie eine Liste von Keywords, die zu Ihrem Keyword verwandte Begriffe und deren Häufigkeit in den Suchanfragen anzeigt. Dadurch erhalten Sie fast immer weitere wichtige Keywords – denn wenn diese Wörter oft von Suchenden verwendet werden, sollten Sie diese auch bei der Optimierung Ihrer Webseite nutzen.

Joomla-SEO-Tools

Übrigens gibt es verschiedene, mehr oder weniger gute Tools für die Suchmaschinenoptimierung bei Joomla. Viele der kostenlosen Tools beschäftigen sich damit, die SEO Ihrer Webseite automatisiert „abzuarbeiten“. Lassen Sie davon die Finger. Suchmaschinen reagieren allergisch auf alles, was stereotyp generiert wurde und damit oft mehrfach vorkommt. Außerdem verlieren Sie so die Kontrolle darüber und dafür sind insbesondere die Meta-Angaben und ganz besonders der Seitentitel zu wichtig. Wenn Sie sich anhaltend um die Suchmaschinenoptimierung Ihrer Joomla-Webpräsenz bemühen wollen, dann empfehle ich Ihnen die Komponente RSSEO, die es für etwa 50-100 Euro (wechselnde Rabatte und Lizenzen) zu kaufen gibt. Ein Blick lohnt sich, denn die Komponente nimmt Ihnen zum Teil etwas Arbeit ab und hilft Ihnen, einen besseren Überblick zu behalten. Ob der Kauf für eine einzelne Webseite lohnt, sei dahingestellt, aber wenn Sie mehrere Webseiten betreiben, dann lohnt es sich auf jeden Fall! Alternativ ist EFSEO ebenfalls zu empfehlen. Mehr dazu weiter unten. Jetzt aber zur SEO-Praxis:

Die Url

Besonders wichtig für die Suchmaschinenoptimierung ist die Url Ihrer Webseite. Wenn Sie die Suchmaschinen davon überzeugen wollen, dass Ihre Webseite für ein bestimmtes Suchwort besonders relevant ist, dann müssen Sie dieses Suchwort in den Urls Ihrer Webpräsenz platzieren. Das geschieht am wirkungsvollsten, indem Sie eine passende Domain haben.

Möchten Sie eine Webseite über Weinverkauf betreiben, dann sollten Sie Domainnamen wie „Weinverkauf.de“ oder „Wein-Verkauf.de“ oder „Wein-Shop.de“ betreiben. Beachten Sie dabei, dass – entgegen manchen anders lautenden Behauptungen die Endung der Domain (also hier „.de“) völlig egal ist. Sie können auch „.com“, .“info“ oder was auch immer wählen. Den Suchmaschinen ist das egal. Einzig der menschliche Betrachter könnte etwas mehr dazu tendieren, auf eine .de-Domain zu klicken, als beispielsweise auf eine .uk.co-Domain, da er auf einer .de-Domain eher sinnvolle Inhalte vermutet. Konzentrieren Sie sich also eher auf „gängige“ Domainendungen.

Weiterhin sollte das Suchwort bestenfalls auch in dem Teil der Url auftauchen, der nach der Domain folgt – das gilt natürlich nur für Unterseiten Ihrer Webpräsenz, die überhaupt eine Url länger als der pure Domain-Namen haben. Eine „normale“ Url, die von Joomla generiert wurde, sieht ungefähr so aus:

http://IhreDomain.de/index.php?option=com_content&view=article&id=53&Itemid=280

Da wird jeder Suchmaschine schlecht! Und auch menschliche Nutzer können sich diese Url weder merken noch fehlerfrei aufschreiben. Daher gibt es bei Joomla das Feature der „Suchmaschinenfreundlichen Urls". Dieses finden Sie im Backend-Menü unter „Site >> Konfiguration":

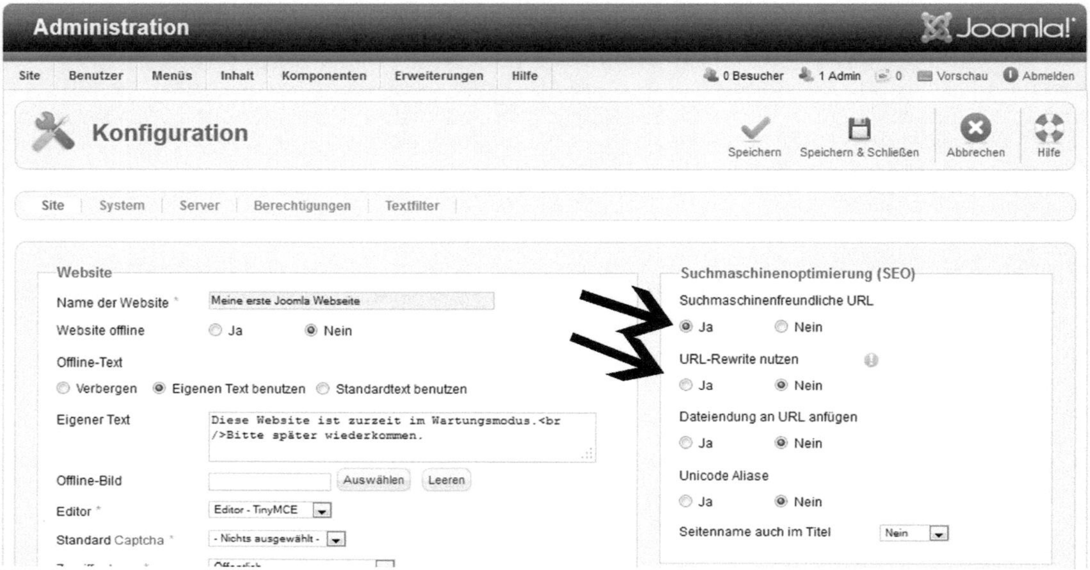

Abbildung 101: rechts im Bild die Suchmaschinenoptimierung.

Mittlerweile standardmäßig aktiviert ist die Option der „Suchmaschinenfreundlichen Urls". Diese macht aus der oben zitierten Url dann folgendes: http://IhreDomain/index.php/the-joomla-project

Der letzte Teil der Url ist der Alias des Menüpunktes, über den die betreffenden Webseite betreten wird. Dieses sollten Sie also so gestalten, dass es suchmaschinenrelevante Begriffe enthält. Und das gilt eigentlich für alle „Aliase", also auch die von Artikeln, Kategorien etc. denn auch diese Aliase sind teilweise in den Urls zu sehen.

Die Url ist aber immer noch nicht so ganz hübsch. Den Teil „index.php" können Sie noch eliminieren, indem Sie die Option „Url-Rewrite nutzen" auf „ja" stellen. Dafür müssen Sie allerdings dann die Datei „htaccess.txt", die sich im Wurzelverzeichnis Ihrer Joomla-Installation befindet, in „.htaccess" umbenennen[13]. Denn dann wird jede Weburl durch eine Funktion des Webservers umgeschrieben und optimiert. Wenn Sie das getan haben, sieht die Url Ihrer Webseite so aus: http://IhreDomain/the-joomla-project

Sollte das nicht funktionieren, prüfen Sie bitte, ob Sie die Datei korrekt umbenannt haben und löschen Sie den temporären Speicher Ihres Webbrowsers. Dieser könnte sonst noch eine nach Ihrer Änderung ungültig gewordene Kopie Ihrer Webseite gespeichert haben. Weiterhin löschen Sie den Cache Ihrer Joomla Installation im Backend-Menü unter „Site >> Wartung >> Cache leeren". Belassen Sie sonst alle Einstellungen.

---

[13] Liegt Ihre Joomla-Installation auf einem IIS-7-Server (was selten vorkommen dürfte), dann benennen Sie die Datei „web.config.txt" in „web.config" um.

Die Meta-Daten/Meta-Tags:

Meta-Daten sind Angaben zu einer Webseite, die nicht unbedingt im Frontend zu sehen sind, sondern sich im Quell-Code einer Webseite verbergen. Menschliche Nutzer nehmen Sie nur selten wahr, während die Crawler/Robots der Suchmaschinen diese Daten erfassen und einen nicht gerade geringen Teil der Bewertung einer Webseite darauf basieren (und diese Angaben auch in den Suchergebnissen präsentieren, siehe unten). Sie müssen sich also auf jeden Fall mit diesen Meta-Daten auseinandersetzen und diese möglichst für jede einzelne Webseite Ihrer Joomla-Webpräsenz einzeln pflegen und sinnvoll gestalten. Die wichtigsten Meta-Daten sind:

- Der Title-Tag
- Der Description-Tag
- (Der Keyword-Tag)

Daß die Suchmaschinen diese Angaben für sehr wichtig halten, sehen Sie, wenn Sie das Suchergebnis einer Suche von Google betrachten. Denn dort finden sich Title-Tag und Description-Tag wieder:

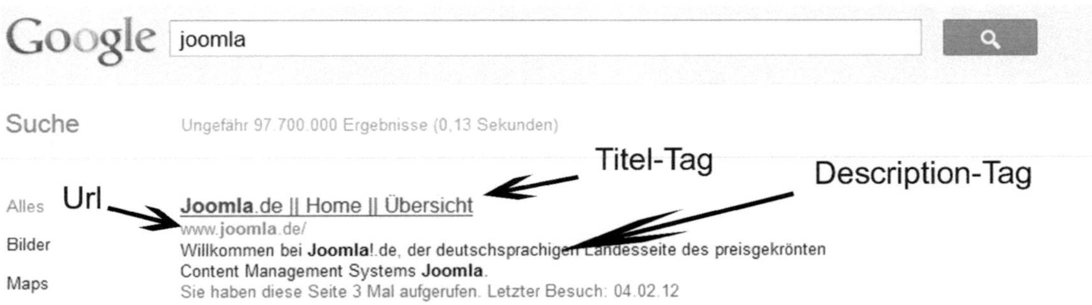

Abbildung 102: Title-Tag und Description-Tag fließen direkt in das Suchergebnis ein und sind sehr wichtig.

Leider bietet Ihnen Joomla nur einen etwas umständlichen Zugriff auf diese Meta-Daten. Ich beschreibe die drei oben genannten Meta-Tags etwas genauer. Es gibt darüber hinaus noch eine Hülle anderer Tags, aber die brauchen Sie nur, wenn Sie ein echter SEO-Profi werden wollen.

Der Seiten-Titel/der Titel-Tag

Jede Webseite hat einen Seiten-Titel. Diesen finden Sie bei den herkömmlichen Browsern ganz oben meistens neben dem Symbol des Browsers:

Abbildung 103: Der Seitentitel.

Sie können den Seitentitel auch im Quelltext jeder Webseite einsehen, wenn Sie den Mauszeiger auf der Webseite positionieren und dann einen Rechtsklick ausführen. In dem sich dann öffnenen Menü gibt es bei allen gängigen Browsern den Punkt „Quelltext" ansehen. Dort finden Sie im oberen Teil des Quelltextes die Meta-Tags.

In Joomla wird der Title-Tag in der Regel ebenfalls durch den Namen des zu dieser Webseite führenden Menü-Punktes bestimmt. Das erkennen Sie auch im Screenshot der Abbildung 103.

Legen Sie also eine neue Webseite an, zu der ein Menüpunkt führt, der „Meine Artikel" heißt, dann wird der Seitentitel der neuen Webseite auch „Meine Artikel" sein. Der Titel-Tag ist laut einer Umfrage unter SEO-Profis aus dem letzten Jahr der wichtigste Faktor, den Sie an einer Seite für die SEO bearbeiten müssen. D.h.:

Bringen Sie Ihre wichtigsten Keywords im Title-Tag unter. Schreiben Sie für jede Webseite einen eigenen Title-Tag, es sollten keine doppelten vorkommen. Ähnlich dürfen sie natürlich sein. Verwenden Sie maximal 70 Zeichen.

Da Sie aber natürlich nicht Ihre gesamten Menüpunkte nur im Hinblick auf den Title-Tag benennen können, gibt es in Joomla auch die Möglichkeit, den Title-Tag einer Webseite anders einzugeben. Denn in der Detailansicht eines jeden Menüpunkts finden Sie rechts den Reiter „Seitenanzeigeoptionen":

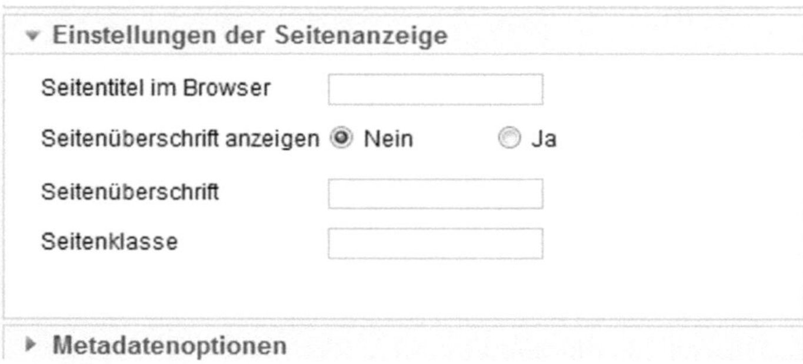

Abbildung 104: Legen Sie den Title-Tag der jeweiligen Seite mit "Seitentitel im Browserfenster" fest.

D.h. Sie klicken sich durch alle Menüpunkte und legen jeweils einen passenden Title-Tag fest. Alternativ nutzen Sie das kostenpflichtige Tool „RSSEO" oder das kostenlose Tool „EFSEO", die beide etwas weiter hinten in diesem Kapitel erläutert werden.

Packen Sie also ein paar Keywords in die Title-Tags, etwa so:

- Wein Verkauf | Rotwein aus Frankreich im Angebot, oder
- Spanischer Rotwein | Angebote und Wein-Vergleich, oder
- Wein-Angebote | Qualität und Preisvergleich

Mit diesen Title-Tags optimieren Sie in diesem Fall besonders für „Wein Verkauf", „Spanischer Rotwein" und „Wein-Angebote" sowie etwas weniger stark für die Begriffe, die etwas weiter hinten im Title-Tag stehen. Und als Vergleich: Führen Sie doch mal eine Suche bei Google durch mit einem beliebigen Wort: Sie werden sehen, dass viele der vorderen Platzierungen die von Ihnen gesuchten Wörter sowohl in der Url als auch weit vorne im Title-Tag tragen.

Der Description-Tag

Der Description-Tag ist eine kurze Beschreibung Ihrer Webseite. Wie Sie weiter oben gesehen haben, taucht diese kurze Beschreibung auch in den Suchergebnissen auf. Allerdings ist sie nirgendwo direkt auf Ihrer Webseit im Frontend zu lesen, sondern geht aus dem Quellcode hervor. Achtung: Diese Angabe wird NICHT von den Suchmaschinen dazu verwendet, Ihre Seite zu beurteilen! D.h. Sie brauchen keinerlei Anstrengungen zu unternehmen, die Description-Tags Ihrer Webseiten mit Ihren Keywords vollzustopfen. Diese Angaben sind lediglich dazu da, Ihre Webseite in den Suchergebnissen zu beschreiben, d.h. sie sind für den menschlichen Nutzer!

Gestalten Sie die Description-Tags daher interessant und wecken Sie die Neugier des suchenden Surfers, damit er auf Ihre Webseite kommt. Psychologische Experimente der Universität Barcelona haben ergeben, daß viele Nutzer den Inhalt des Decription-Tags in den Suchergebnissen lesen und in ihre Entscheidung, welches Ergebnis sie anklicken, mit einfliessen lassen. Verwenden Sie keinesfalls ein Tool, das automatische Description-Tags erstellt! Es gibt zwei Möglichkeiten:

Öffnen Sie die Detailansicht von jedem Menüpunkt und klicken Sie auf den Reiter „Metadatenoptionen“ auf der rechten Seite:

Abbildung 105: Geben Sie oben den Description-Tag ein.

Alternativ nutzen Sie RSSEO oder EFSEO für diese Tätigkeit (siehe unten).

Das Keyword-Tag

Vergessen Sie dieses Tag! Es hat heutzutage nichts mehr mit Suchmaschinenoptimierung zu tun. Früher einmal war es dazu gedacht, daß man dort die Suchwörter eingeben könnte, zu denen man gerne in einer Google-Suche gefunden werden wollte. Aber das funktioniert leider absolut nicht und wäre wirklich auch etwas zu einfach!

Generator-Tag

Dieser Tag hat keine SEO-Funktion. Es zeigt im Quelltext einer Seite einfach nur an, wer die Webseite erstellt hat. Für eine Joomla-Webseite lautet der Inhalt des Tags „Joomla“ – Open Source Content Management“. Seit Joomla 2.5.4 können Sie zusätzlich auch noch die Version von Joomla anzeigen, die Sie verwenden. Aber Vorsicht! Lassen Sie das lieber, denn das geht niemanden etwas an. Gehen Sie sicher, dass die Option „Joomla!-Version anzeigen“ unter „Konfiguration >> Site“ unter „Globale Metadaten“ auf „Nein“ steht. (Übrigens schreibe ich diesen Absatz nur, weil es diese Funktion seit Joomla 2.5.4 überhaupt erst gibt und ich Sie aufgrund der Aktualität darüber informieren möchte).

SEO-Strategie: „Content is King!“

Mit diesem weit verbreiteten Spruch kann man einen zentralen Aspekt der Suchmaschinenoptimierung auf den Punkt bringen: Bieten Sie bessere Infos und besseren Inhalt als die anderen! Denn: Suchmaschinen haben ganz klar das Ziel, dem suchenden Nutzer ein „gutes“ Ergebnis zu präsentieren. Denn: Nur die Suchmaschine, die Ihnen gute

Ergebnisse liefert, werden Sie auch für Ihre nächste Suche wieder nutzen. Dafür ändern und optimieren die Suchmaschinen ständig die Bewertungsgrundlagen, nach denen entschieden wird, welche Seite „gut“ ist und welche nicht. Und ein Trend lässt sich ganz klar aus den Anpassungen der letzten Jahre ablesen: Die Suchmaschinen werden immer besser in der Beurteilung des Inhalts einer Webseite. Bieten Sie nur kurze, wenig informative und vielleicht sogar abgekupferte Infos, werden Sie auf Dauer kaum in den vorderen Rängen der Suchergebnisse landen (auch wenn Sie möglicherweise kurzfristig Erfolg haben). Daher mein Tip: Bieten Sie regelmäßig aktuelle Informationen und neue Artikel auf Ihrer Webseite an. Suchmaschinen honorieren das! Schreiben Sie z.B. mindestens alle 2 Wochen einen Artikel von mindestens 250 Wörtern über das Thema, mit dem Sie in das Rennen um die Plätze in den Suchergebnissen gehen.

Wichtig: Schreiben Sie Artikel stets selbst und neu. Kopieren Sie keine Inhalte. Suchmaschinen sind sehr gut darin, das zu erkennen und als „Duplicate Content“ zu bestrafen.

Achten Sie beim Schreiben von Artikeln darauf, dass wichtige Keywords, zu denen Sie gefunden werden wollen, auch im Text und in Überschriften und Zwischenüberschriften auftauchen. Vergessen Sie dabei das inzwischen veraltete Konzept der „keyword-Density“! Und überladen Sie den Text nicht mit Keywords. Schreiben Sie einfach informativ und lesbar. Weiterhin sollten Sie Bilder, die Sie in den Text einbetten, dann auch entsprechend benennen und den Dateinamen ebenfalls optimieren und ein Keyword mit reinpacken. Für die Wein-Shop-Webseite heisst das, dass ein Bild einer Weinflasche nicht den Dateinamen „small_image.jpg“, sondern eher „rotwein_spanien.jpg“ tragen sollte.

Links, Seitenstruktur und Backlinks

Neben der Optimierung des Inhalts und der Url spielen Verlinkungen eine wichtige Rolle bei der Suchmaschinenoptimierung. Grundsätzlich wichtig sind dabei auf eine Webseite eingehende Links, denn es gilt folgender einfacher Zusammenhang: Wenn viele Links aus dem Internet auf Ihre Webseite verweisen, dann ist Ihre Webseite offensichtlich beachtenswert! (Glauben die Suchmaschinen)

Exkurs: Ankertext

Wenn Sie etwas über Links lernen wollen, dann wird Ihnen der Begriff des Ankertextes begegnen (ist Ihnen schon in diesem Buch begegnet, als Sie einen Link in einen Artikel eingefügt haben). Eine kurze Erklärung: Der Ankertext eines Links ist das Wort, in einem Text, an dem dieser Link „hängt“. Oft sind das sinnvolle Dinge wie „klicken Sie hier“ oder „weiter“. Das ist jedoch aus Sicht des SEO vollkommener Unsinn, denn die Suchmaschinen messen dem Ankertext (noch) sehr große Bedeutung bei, denn: Stellen Sie sich vor, dass 100 andere Webseiten einen Link zu Ihrer Webseite anlegen und in dem Textteil, der den Link trägt, befindet sich immer das Wort „Weinshop“. Die Suchmaschinen nehmen dann an, dass Ihre Webseite offensichtlich sehr relevant für den Verkauf von Wein bzw. das Wort „Weinshop“ ist. Folglich werden Sie in den Suchergebnissen einer Anfrage bei Google zu Thema Weinverkauf oder Weinkauf höher platziert werden, als eine Webseite, die keine solchen Links hat oder eine Webseite, die zwar ebenfalls 100 Links hat, bei denen der Ankertext aber immer lautet „klicken Sie hier“ oder „weiter“.

Achten Sie also selbst darauf, wenn Sie Links anlegen, dass der Ankertext gut gewählt ist. Dies gilt insbesondere für die internen Links (s.u.).

Backlinks

Diese sog. Backlinks sind das A und O der Suchmaschinenoptimierung und Sie bekommen Sie, wenn Sie tatsächlich gute Inhalte anbieten und andere Nutzer dies honorieren, indem Sie Ihre Webseite über eine Verlinkung weiterempfehlen. Also noch ein Grund, immer wieder guten Inhalt anzubieten. Übrigens können Sie sich Backlinks auch auf andere Weise besorgen: Bei Ebay können Sie tausende solcher Backlinks für wenige Euros kaufen. Allerdings: Dabei handelt es sich um Links, die wenig Wert haben und Ihnen daher wenig helfen. Denn ein Link kann viel oder wenig Wert sein, je nachdem von welcher Seite er kommt. Wenn z.B. Wikipedia auf Ihre Seite verlinkt, dann honoriert das eine Suchmaschine ganz anders, als wenn irgend ein namenloser Blog zu Ihnen verlinkt. Klar. Dennoch können Sie auch mit „gekauften" Links mitunter gute, aber meist nur kurzfristig anhaltende Erfolge erzielen. Meine Empfehlung: Setzen Sie lieber auch hier wieder auf nachhaltige und substanzielle Suchmaschinenoptimierung.

Interne Links

Nicht nur Links von anderen Webseiten zu Ihnen sind relevant für die Suchmaschinen. Auch Links innerhalb Ihrer eigenen Webpräsenz sind bedeutsam. D.h. Sie sollten von verschiedenen Webseiten innerhalb Ihrer Webpräsenz Links auf die wichtigen Seiten (meistens Ihre Startseite) setzen. Für die Seite mit dem Weinshop bedeutet das, dass Sie in Texten, die irgendwo auf Ihrer Webpräsent auftauchen, das Wort „Weinshop" als Ankertext für einen Link auf Ihre Startseite nutzen sollten, um Ihre Startseite für das Keyword „Weinsjop" zu optimieren.

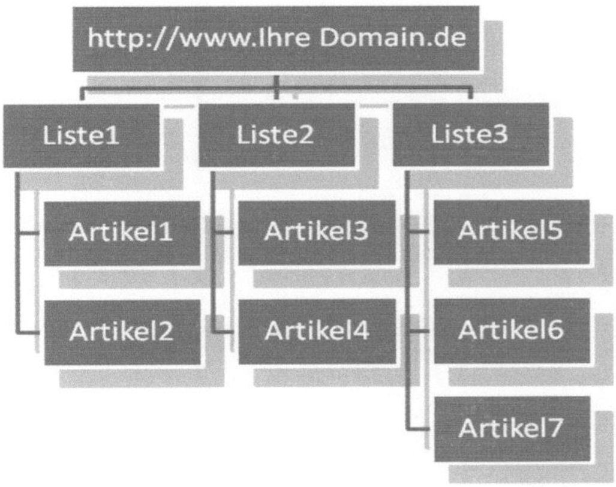

Die Seitenstruktur

Wenn Sie Ihre Webpräsenz anlegen, sollten Sie eine hierarchische Menüstruktur anlegen. Die sollte etwa so aussehen:

Abbildung 106: Die Menüstruktur Ihrer Webseite sollte wie ein Baum mit Kategorien und Artikel aufgebaut sein.

Beispiele für die Seiten „Liste 1-3" wären Verzeichnisse/Auflistungen von Artikeln, die Sie mit einem Joomla-Menüpunkt vom Typ „Alle Artikel einer Kategorie" erstellen. Ordnen Sie also immer alle Artikel, die thematisch verwandt sind, in einer Kategorie. Das Gegenteil wäre eine Webseite, die auf der Startseite zig verschiedene einzelne Menüpunkte aufweist, die alle zu unterschiedlichen Artikeln verweisen. Offensichtlich „mögen" es die Suchmaschinen, wenn Ihre Webseite einem logischen, geordneten Aufbau folgt.

Aus meinen eigenen Erfahrungen kann ich Ihnen das nur stark ans Herz legen. Allein die Optimierung von Webseiten, die zunächst eher chaotisch angelegt wurden in die o.g. Form (soweit möglich), kann das Ranking in den SERPs deutlich verbessern. Crawler bewerten die Seiten offensichtlich deutlich besser und scheinen die Indexierung Ihrer Webseiten auch schneller durchzuführen.

Social Media Optimization

Zu einer umfassenden Suchmaschinenoptimierung gehört heute natürlich auch das Nutzen der Social Medias, also der Sozialen Netzwerke wie Facebook etc. und anderer sozialer Dienste wie Google+1 oder Twitter. Letztendlich bedeutet „Sozialer Dienst" nichts anderes, als dort Millionen oder Milliarden von Nutzern aktiv sind und ihre Meinung kund tun. Google und Co honorieren es, wenn Nutzer über Facebook, Twitter, Google+1 oder anderes über Ihre Webseite berichten, indem diese Nutzer einen Link zu Ihrer Webseite setzen. Das kann z.B. geschehen, durch das Anklicken eines „Like"-Buttons auf Ihrer Webseite, durch das Twittern Ihrer Webadresse über eine Twittermeldung oder das positive Bewerten Ihrer Webseite durch das Anklicken eines Google+1-Buttons auf Ihrer Webseite. Dafür müssen Sie eines tun: Sie müssen die entsprechenden Buttons auf Ihre Webseite bringen. Das tun Sie am besten mit dem Nice_Social_Button-Modul, das Sie bereits kennengelernt haben. Blättern Sie zurück, installieren Sie es in Ihrer zukünftigen Webseite und warten Sie darauf, daß Nutzer diese Buttons verwenden, um Ihre Webseite zu empfehlen und positiv zu bewerten.

Für Fortgeschrittene: Nutzen Sie die Möglichkeit, bei Facebook ein Profil für „Dinge", also auch für Ihre Webseite/Ihr Unternehmen anzulegen. Das geht hier: http://www.FaceBook.com/pages/create.php

Tools nutzen

Nutzen Sie im Internet erhältliche Tools, um Ihre Suchmaschinenoptimierung zu überwachen und zu verbessern. An dieser Stelle kann ich nicht näher auf einzelne Punkte eingehen, nur so viel:

Google Analytics – Zeigt die Besucherzahlen und –Quellen für Ihre Webseite und gibt Ihnen viele Funktionen zur Analyse des Benutzerverhaltens auf Ihrer Webseite. Ein MUSS für SEOs. Dokumentieren Sie so den Stand Ihrer SEO-Bemühungen, denn da zählen einzig und allein die Besucherzahlen!

Google Webmaster Tools – Für Fortgeschrittene, um Suchmaschinen (Google) zu lenken und Ihre Webseite weiter zu optimieren.

SearchEngineLand – Sehr gute Webseite mit vielen Infos und einem hervorragenden Newsletter

SEOmoz – Sehr gute Webseite mit einem sehr guten Tool: die MozTool-Bar. Sollten Sie in Ihrem Browser installieren, um stets Analysen von Ihrer und anderen Webseiten einsehen zu können (installieren Sie die MozToolbar und machen Sie sich gleichzeitig mit den dort angezeigten Werten „Domainauthority, PageAuthority und MozRank vertraut, Infos dazu finden Sie auf SEOmoz.org). Außerdem bietet SeoMOZ einen exzellenten, aber kostenpflichtigen SEO-Dienst zur Analyse und Optimierung Ihrer Webseite. Diesen können Sie jedoch für 30 Tage kostenlos nutzen, was Sie sich nicht entgehen lassen sollten!

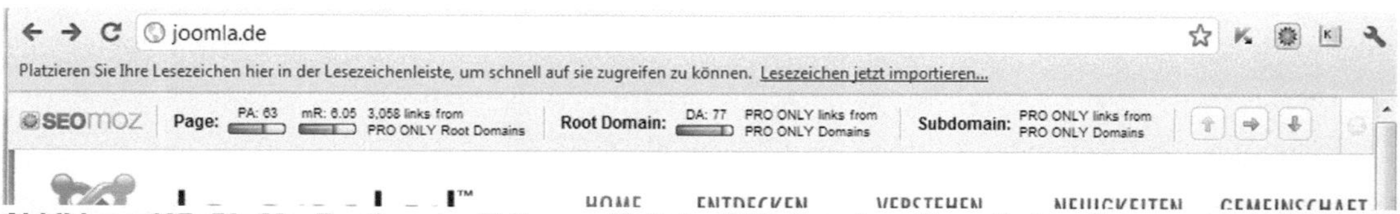

Abbildung 107: Die MozToolbar verrät Ihnen nützliche SEO-Angaben über die jeweils angezeigte Webseite.

Und wenn Sie eine Webseite etwas detaillierter analysieren wollen, dann geben Sie die betreffende Url in den „OpenSiteExplorer" ein, den Sie unter www.opensiteexplorer.org finden:

Abbildung 108: Der OpenSiteExplorer von SEOmoz.

Joomla-Komponente: RSSEO – wenn Sie das Geld investieren wollen, finden Sie damit eine sehr gute Komponente, die Ihnen viel Arbeit abnehmen kann.

ID		Page URL	Page Title	Page Level	SEO Grade	Last Crawled	Status	Page Modified	Add to sitemap	Refresh
1			Home	0	64 %	08 Feb 12 22:05				Refresh
2		index.php/sample-sites	Beispielseiten	1	64 %	08 Feb 12 22:05				Refresh
3		index.php/using-joomla/extensions /modules/display-modules/weblinks	Weblinks	1	46 %	08 Feb 12 22:05				Refresh
4		index.php/using-joomla/getting-help	Erste Hilfe	1	55 %	08 Feb 12 22:05				Refresh
5		index.php/using-joomla/extensions /modules/content-modules/latest-articles	Neueste Beiträge	1	55 %	08 Feb 12 22:05				Refresh

Abbildung 109: RSSEO analysiert zum Beispiel die Seiten Ihrer Webpräsenz und bewertet die Qualität Ihrer SEO-Bemühungen.

Joomla-Plugin: EFSEO – Diese kostenlose Komponente (Easy Frontend SEO) bringt Sie auch schon ziemlich weit, denn Sie können für jede Webseite Ihrer Webpräsenz im Frontend die Meta-Daten festlegen. Sie finden dieses Plugin auf www.extensions.joomla.org und installieren es in gewohnter Weise. Sie müssen dann das Plugin aufsuchen und aktivieren. Gehen Sie dann ins Frontend und loggen Sie sich als Super Administrator ein. Sie finden dann folgende kleine Einblendung in der rechten, oberen Ecke jeder einzelnen Seite:

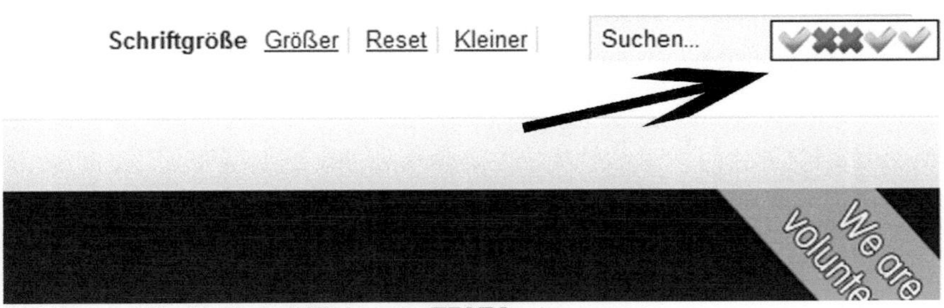

Abbildung 110: Die Schaltfläche von EFSEO.

Klicken Sie darauf:

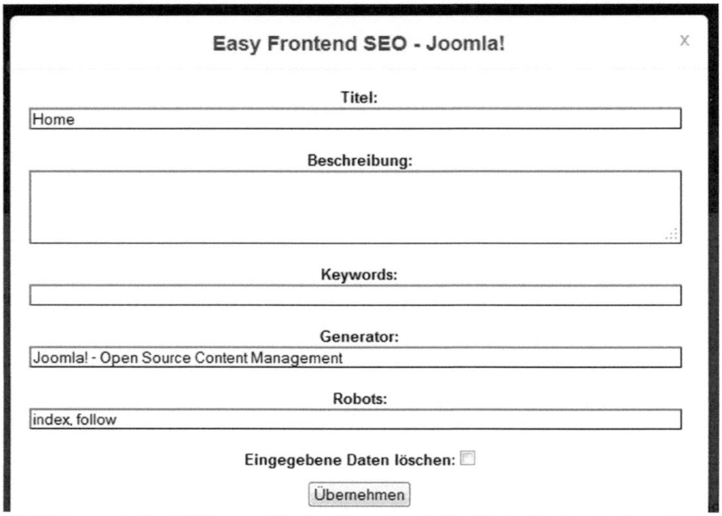

Abbildung 111: Editieren Sie im Frontend die Meta-Daten jeder einzelnen Seite.

Geben Sie dort die gewünschten Meta-Daten ein und klicken Sie auf „Übernehmen", damit die Angaben übernommen werden. Damit halten Sie ein wirkungsvolles SEO-Tool in der Hand, um die wichtigsten SEO-Daten Ihrer Webseite zu kontrollieren. Viel Spaß beim Nutzen. Und denken Sie daran: Diese vielleicht etwas mühevolle Eingabe der Meta-Daten für jede einzelne Webseite ist der verlockenden aber leider wenig erfolgversprechenden Arbeitsweise von vielen Plugins mit einer Funktion zur automatischen Meta-Daten-Generierung haushoch überlegen!

SEO Checkliste

Wenn Sie folgende Punkte beachten, dann sind Sie bezüglich der Suchmaschinenoptimierung schon ganz gut aufgestellt:

- ✓ Führen Sie eine Keyword-Recherche durch und nutzen Sie dafür das Google Keyword Tool
- ✓ Mieten Sie eine Domain, die Ihr wichtigstes Keyword enthält
- ✓ Wählen Sie die Titel der Webseiten so, dass Ihre Keywords am Anfang stehen, nutzen Sie dafür ein 3rd-Party-Tool
- ✓ Geben Sie sinnvolle Description-Tags an
- ✓ Verwenden Sie Keywords in Datei-Namen (speziell für Bilder)
- ✓ Publizieren Sie regelmäßig neue Artikel mit Ihren Keywords
- ✓ Halten Sie die Seitenstruktur gut organisiert
- ✓ Verwenden Sie interne Links, um wichtige Seiten zu stärken
- ✓ Melden Sie Ihre Webseite bei Google Analytics an, um Besucherzahlen und weitere Kennzahlen zu überwachen. Werfen Sie dabei insbesondere einen Blick auf die Gründe, warum Besucher Ihre Webseite besuchen (Besucherquellen) und die Gründe, warum sie Ihre Seite wieder verlassen (Absprungraten/Bounce Rate)
- ✓ Melden Sie Ihre Seite auf bei Google Webmaster Tools an, um deren Funktionen nutzen zu können.
- ✓ Analysieren Sie Ihre und Konkurrenz-Seiten mit der MozToolbar und dem OpenSiteExplorer
- ✓ Bleiben Sie aktuell durch das Beziehen von SEO-Newslettern

Diese Liste kann man noch unendlich fortsetzen, aber mit den aufgeführten Maßnahmen sind Sie auf jeden Fall gut und für den Anfang bedient. Wenn Sie Interesse an weiteren Infos dazu haben, schauen Sie auf http://www.joomla-lernen.de vorbei, denn aktuell schreibe ich an einem umfangreichen Abschnitt über spezielle Suchmaschinenoptimierung für Joomla. Dies wird entweder als Ratgeber oder als Online-Kapitel erscheinen.

17. Anhang

Im Anhang finden Sie einige Abschnitte, die entweder nicht in die bestehenden Kapitel des Buches hineinpassen oder die sich erst in weiteren Auflagen ergeben haben.

Die Core Komponente „Joomla-Aktualisierung" (ab Joomla 2.5.4)

Da Joomla ständig weiterentwickelt wird, gibt es alle paar Monate eine neue Version. Das kann mitunter sehr nervig sein, wenn das Update von einer alten auf eine neuere Version nicht gut funktioniert (wie es z.B. bei älteren Joomla-Versionen der Fall war). Joomla wäre vermutlich ein kurzes Leben zu prophezeien gewesen, wenn dies nicht geändert worden wäre durch die automatische Aktualisierungsfunktion (siehe auch Kapitel 12). Da dies in Zukunft immer wichtiger wird, wurde mit Joomla 2.5.4 eine ganz neue Core-Komponente für diesen Zweck aus der Wiege gehoben. Vermutlich wird diese erst ab Joomla 3.0 richtig zum Einsatz kommen, aber Sie sollten sich jetzt schon mal merken, dass es sie gibt. Rufen Sie im Backend-Menü „Erweiterungen >> Joomla-Aktualisierung" auf (nachdem Sie auf Joomla 2.5.4 aktualisiert haben). Dort sehen Sie noch nicht viel, außer dem Hinweis, dass die aktuelle Joomla-Version bei Ihnen vorliegt und einem Funktionsbutton „Optionen" rechts oben. Klicken Sie darauf, um die zukünftigen Optionen zu erahnen: Es öffnet sich dann ein Fenster, indem Sie die Quelle für die Joomla-Updates wählen können. Aktuell ist das noch ein Test-Stadium, daher lassen Sie im Moment die Finger lieber davon.

Die Hilfe-Funktion

Neben den Tooltips, die ich Ihnen schon ein paarmal in diesem Buch ans Herz gelegt habe, finden Sie auch eine eigene Hilfe-Funktion in Joomla. Und die Ihnen in einigen Situation auch tatsächlich weiterhelfen kann. Leider hält die Hilfe-Funktion allerdings nicht mit der rasanten Entwicklung von Joomla Schritt, sodass Sie dort nicht alle Funktionen erklärt finden werden. Und meistens beschränkt sich die Erklärung auch nur auf das Nötigste. Werfen Sie dennoch einen Blick auf die Ressourcen, Sie finden sie im Backend-Menü unter „Hilfe >> Joomla!-Hilfe":

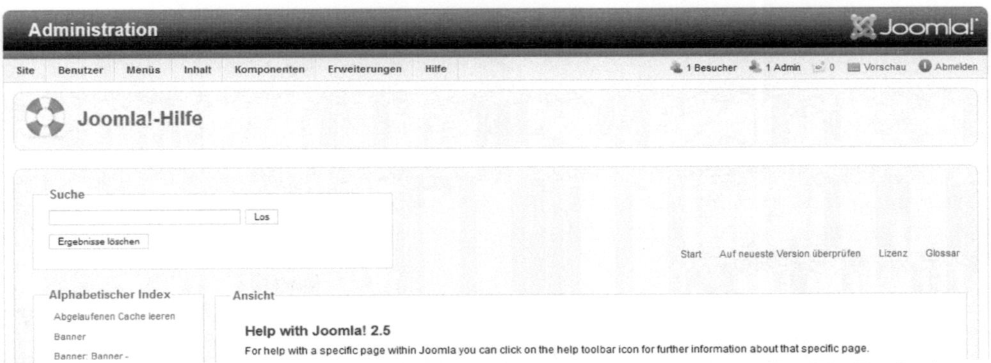

Abbildung 112: Die implementierte Hilfe-Funktion von Joomla. Leider aktuell in Englisch.

Hinweise auf weitere, nützliche Joomla-Produkte

Hier finden Sie Hinweise auf Templates, Komponenten, Plugins und Module, die Sie vielleicht für Ihre kommenden Joomla-Webseiten brauchen können. Ich habe alle aufgeführten Programme bereits selbst benutzt und bin immer gut damit zu Recht gekommen.

Bitte beachte jedoch, dass noch nicht alle Komponenten bereits auf Joomla 2.5 umgestellt wurden. Außerdem habe ich mich bemüht, viele kostenlose Erweiterungen aufzuführen, aber in manchen Bereichen gibt es doch leider nur sinnvolles, wenn man auch etwas Geld auf den Tisch legt. Entscheiden Sie also selbst, was Sie für sich nutzen möchten.

Nützliche Templates

Im Internet finden Sie viele Templatevorlagen für Joomla, einige kostenlose Templates haben ich für Sie unter www.Joomla-Lernen.de zusammengestellt. Problematisch ist allerdings auch dabei, dass es viele Fehler in den verfügbaren Templates gibt und diese dann nicht funktionieren oder die Dinge nicht so darstellen, wie Sie es gerne hätten. Letztendlich gibt es für kostenfreie Templates eine Bibliothek unter der Webadresse:

http://www.Joomlaos.de

Weitere gute Adressen sind:

Rockettheme – diese Firma bietet professionell programmierte Templates an, die in der Regel problemlos funktionieren und grafisch hervorragend sind. Ebenfalls ist der Support sehr, sehr gut. Der Nachteil: Sie müssen eine kostenpflichtige Mitgliedschaft erwerben, um diese Templates nutzen zu können. Es gibt allerdings immer wieder auch mal ein kostenloses Template, sodass sich der Besuch auf der Seite www.rockettheme.com auf jeden Fall lohnt.

Yootheme – Hier gilt fast das Gleiche wie für die Firma Rockettheme, denn auch Yootheme stellte wirklich gute Templates zur Verfügung. Auch hier ist eine kostenpflichtige Mitgliedschaft notwendig, um alle Features zu nutzen. Trotzdem sollten Sie die Webseite der Firma mal besuchen, denn auch da gibt es einzelne Templates kostenfrei und damit kommt man in der Regel auch schon ziemlich weit.

Nützliche Module, einige Beispiele

RokStories – mit diesem Modul lassen sich Inhalte sehr ansprechend darstellen. Das Modul zeigt von Artikeln eine kurze Vorschau und rotiert automatisch zwischen verschiedenen Artikeln. Das Modul ist kostenfrei.

RokTabs – Dieses Modul dient ebenfalls dazu, verschiedene Artikel darzustellen. Jeder Artikel wird in einem „Tab" also in einer Karteikarte dargestellt. Entweder können Sie das Modul so einstellen, dass die Ansicht zwischen den verschiedenen Tabs rotiert oder der Benutzer jeweils auf die einzelnen Reiter klickt, um deren Inhalt zu sehen.

Google Currency Converter – Mit diesem einfachen Modul können Sie auf Ihrer Webseite einen Währungsumrechner anzeigen. In einer Modulposition können dann Besucher Ihrer Seite die beiden Währungen auswählen, deren Wechselkurs sie prüfen möchten, geben dann noch eine Menge an Geld ein und das Modul rechnet von einer Währung in die andere um.

MambWeather – Praktisches Modul, um das aktuelle Wetter und eine kurze Wettervorhersage für einen beliebigen Ort auf der Welt auf Ihrer Webseite anzuzeigen.

Nützliche Komponenten

Akeeba Backup – Ein absolutes MUSS für jede Joomla-Webseite. Mit dieser wirklich einfach zu bedienenden Komponente können Sie eine Sicherheitskopie Ihrer Webseite anfertigen und an einem sicheren Ort speichern. Wenn dann aus irgendwelchen Gründen Ihre Webseite fehlerhaft wird oder gar nicht mehr funktioniert (sei es durch einen Hacker-Angriff o.ä.), dann können Sie Ihre Webseite mit einem weiteren Programm (Akeeba Kickstart) und der Sicherheitskopie wieder herstellen.

PhocaMaps – diese Komponente ermöglich es Ihnen, unter einem Menüpunkt eine geografische Karte in Ihre Webseite einzubinden und auf dieser Karte Marker erscheinen zu lassen. Zum Beispiel um die Filialen eines Geschäfts zu markieren. Sie können selbst beliebig viele Marker eintragen und auch festlegen, wie diese auf der Karte erscheinen sollen. Diese Komponente ist kostenfrei.

PhocaDownload – mit dieser Komponente können Sie einen ganzen Downloadbereich in Ihrer Webseite erschaffen. Sie können beliebig viele Kategorien einrichten, in denen Nutzer Dokumente finden und diese auch downloaden können. In den Einstellungen dieser Komponente können Sie auch konfigurieren, welche Nutzer dazu berechtigt sind, selber Dokumente hochzuladen und damit auch anderen zur Verfügung zu stellen. Diese Komponente ist kostenfrei.

PhocaGallery – Eine schöne Komponente um eine Fotogalerie auf Ihre Seite zu stellen. Die können verschiedene Fotoalben anlegen und diesen unbegrenzt viele Fotos zuordnen. Natürlich auch kostenfrei.

JEvents – diese Komponente ermöglicht es Ihnen, einen Kalender auf Ihrer Webseite zu führen und dort auch Termine einzutragen und so Benutzer auf kommende Veranstaltungen etc. aufmerksam zu machen. Sie können das ganze auch so einstellen, dass Nutzer selbst Termine eingeben können. Die Komponente ist insgesamt sehr umfangreich, bietet aber dafür auch umso mehr Funktionen. Sie sollten aber eine gewisse Einarbeitungszeit rechnen. Außerdem sind nicht alle Funktionen kostenfrei.

Jomsocial – Jomsocial ist eine tolle und sehr umfangreiche Komponente, die allerdings auch etwas kostet. Letztendlich ist JomSocial eine Art „Facebook“ für Joomla. Innerhalb kurzer Zeit können Sie damit eine eigene Community aufbauen und den Nutzern viele tolle Features zur Verfügung stellen. Mit JomSocial sind Ihren Ideen (fast) keine Grenzen gesetzt.

JComments – Diese Komponente können Sie nutzen, um Besuchern Ihrer Seite die Möglichkeit zu geben, Artikel zu kommentieren. So erscheint dann unter bestimmten oder allen Artikeln (ganz nach Ihren Wünschen/Einstellungen) ein Textfeld für Kommentare, das von den Besuchern gefüllt werden kann. Die Komponente ist kostenlos und sehr einfach zu nutzen.

AcyMailing Starter – Mit dieser Komponente können Sie auf Ihrer Seite einen professionellen Newsletter erstellen. Besucher können sich für einen oder mehrere Newsletter anmelden (dafür gibt es ein spezielles Modul) und Sie können dann im Backend Newsletter schreiben und an alle Nutzer versenden, die sich in eine bestimmte Liste eingetragen haben. Mit Starter-Version der Komponente ist kostenfrei und hat für den normalen Anwender alle wichtigen Funktionen.

Kunena – Wenn Sie ein Forum auf Ihrer Webseite einrichten wollen, indem Besucher Ihre Meinungen austauschen oder Sie etwas fragen können, dann sind Sie mit Kunena sicherlich gut bedient. Die Komponente braucht auch etwas Einarbeitungszeit, funktioniert aber in der Regel gut. Kostenlos.

VirtueMart – mit dieser Komponente können Sie einen schlagkräftigen Online-Shop erstellen und dabei ist diese Komponente auch noch kostenlos! Die Komponente hat eine ganze Hülle von Features und ist dadurch natürlich sehr komplex. Andererseits verschafft sie Ihnen ungeahnte neue Möglichkeiten, für die Sie bei einem professionellen Programmierer einen Haufen Geld bezahlen müssten.

Rechtliche Bestimmungen

Wenn Sie eine Webseite erstellen, gehen Sie gewisse Verpflichtungen ein, auch rechtliche Dinge zu beachten. So müssen Sie bei jeder Webseite ein „Impressum" führen. In diesem Impressum müssen gewisse Angaben über die für diese Webseite verantwortliche Person aufgeführt sein. Hintergrund der Impressumspflicht ist die Tatsache, dass ein Ansprechpartner benötigt wird, wenn Ihre Webseite gegen irgendwelche Gesetze verstößt.

Aber keine Angst: Wenn Sie nur hobbymäßig eine kleine Webseite erstellen, müssen Sie keine Angst haben. Aber dafür geht es umso schneller, wenn Sie zum Beispiel einen kleinen Internet-Shop betreiben. Denn dann haben Sie sofort Geschäftskonkurrenten und die warten nur darauf, dass Sie irgendwelche Vorschriften verletzen. Schnell flattert Ihnen dann eine Abmahnungvom Anwalt ins Haus und die kann teuer werden. Daher: Auf jeden Fall ein Impressum anlegen, denn auch das Weglassen eines Impressums kann bereits zu einer Abmahnung führen! Außerdem sollten Sie eine Datenschutzerklärung auf Ihrer Seite veröffentlichen. Und sollte Ihre Webseite dann größer werden, brauchen Sie auch Nutzungsbedingungen!

Am besten suchen Sie sich ein sog. Muster-Impressum im Internet, denn Sie müssen natürlich das Rad nicht neu erfinden! Zahlreiche Rechtsanwälte stellen im Internet ein Musterimpressum aus, das Sie unter Angabe der Quelle auch benutzen dürfen. D.h. schnell einen Artikel anlegen, der ein Impressum enthält und den mit einem entsprechenden Menüpunkt verbinden!

Auch für die Datenschutzerklärung gibt es praktische Vorlagen im Internet, beispielsweise hier:: http://www.datenschutzerklaerung-online.de. Die Datenschutzerklärung sollten Sie auch sicherheitshalber auf Ihre Seite stellen. Dort geben Sie Auskunft über Daten, die gespeichert werden, wenn ein Nutzer Ihre Internetseite betritt. Meistens werden bestimmte Daten jedes Besuchers Ihrer Webseite gespeichert, insbesondere wenn Sie zum Beispiel einen Besucherzähler installiert haben oder Google Analytics nutzen. Daher sollten Sie auch eine Datenschutzerklärung haben. Erstellen Sie also zwei Textbeiträge (Impressum und Datenschutzerklärung). Dann erstellen Sie ein neues Menü mit zwei Menüpunkten, die jeweils auf diese Artikel verweisen. Dieses Menü stellen Sie dann als Menü-Modul irgendwo unten auf Ihre Seite und nennen es „info-Menü" oder einfach nur „Info". So hat jeder Besucher Ihrer Seite die Möglichkeit, diese Informationen einzusehen.

Copyright beachten

Nicht erst seit der Affäre um einen unserer Minister in diesem Jahr 2011 wissen wir eigentlich, dass man nicht einfach Texte oder anderes Material von anderen Leuten kopieren und in eigenen Webseiten oder Büchern oder sonst wo publizieren darf. Wenn Sie also irgendetwas auf Ihre Webseite stellen, was eigentlich die Idee eines anderen war oder von jemand anders produziert wurde, dann müssen Sie streng darauf achten, dass Sie keine Rechte verletzen. Sicherheitshalber sollten Sie immer die Quelle mit angeben, woher Sie die Inhalte haben.

18. Abschluss: Joomla-Webseiten-Rezept

Wenn Sie nun alles gelesen haben und sich trotzdem fragen: Wie fange ich dann jetzt meine eigene Joomla Webseite an, dann folgen Sie diesem Rezept:

- ✓ Suchmaschinenoptimierung: Bevor Sie irgendwas an Ihrer neuen Seite tun, sollten Sie eine Keyword-Recherche durchführen, um die für Sie am besten passendste Domain zu finden.
- ✓ Nachdem Sie relevante Keywords identifiziert haben, wenden Sie sich an einen Webhoster und mieten Webspace an. Dazu gehört auch das Anmieten einer Domain. Mieten Sie diese entsprechend Ihrer Keywords und wählen sie so aus, dass Ihr wichtigstes Keyword im Domain-Namen auftaucht.
- ✓ Laden Sie die Joomla-Dateien in den Ordner Ihres Webspace hoch, der Ihrer Domain zugewiesen ist.
- ✓ Legen Sie eine MySQL-Datenbank im Account Ihres Webspace an.
- ✓ Installieren Sie Joomla/bzw. stellen Sie die Installation fertig, indem Sie Ihre zukünftige Webseite in einem Browser unter http://www.IhreDomain.de aufrufen.
- ✓ Installieren Sie dabei KEINE Beispieldaten, damit Ihre neue Seite leer bleibt. Sie füllen sie dann.

Sie haben nun das Grundgerüst Ihrer neuen Joomla-Webseite installiert. Diese zeigt nun mit einem voreingestellten Template ein einzelnes Menü und das Login-Modul.

- ✓ Suchen Sie sich ein kostenfreies, gut aussehendes Template für Ihre Webseite. Installieren Sie das und wählen es in der Template-Übersicht als "Standard" aus. Suchen Sie auf www.Joomla-lernen.de.
- ✓ Schreiben Sie einen (Begrüssungs-)Text für die Startseite, indem Sie einen neuen Artikel anlegen und diesen mit der Option "Hauptbeitrag" = „Ja" auf der Startseite zeigen.
- ✓ Überlegen Sie sich, wie Sie Ihre zukünftigen Artikel in Kategorien ordnen wollen. Legen Sie dazu zumindest ein oder zwei Kategorien an.
- ✓ Sehen Sie sich die Ordner im Verzeichnis /images an und legen Sie auch dort ggf. weitere Ordner an, um späteres Bildmaterial bereits frühzeitig übersichtlich ordnen zu können.
- ✓ Legen Sie ein neues Menü an und platzieren Sie dies mittels eines Menü-Moduls irgendwo unten auf Ihrer Webseite
- ✓ Erstellen Sie ein Impressum und eine Haftungsbeschränkung (Artikel) und erstellen Sie im gerade erstellten Menü zwei entsprechende Menüpunkte "Einzelner Beitrag", um beide Artikel anzubieten.
- ✓ Modifizieren Sie die Optionen für die Registrierung neuer Nutzer entsprechend Ihren Anforderungen. Wenn Sie keine registrierten Mitglieder wollen, löschen Sie das Modul „Anmelden" aus dem Frontend.
- ✓ Setzen Sie die Optionen der suchmaschinenfreundlichen Urls um wie empfohlen.

Sie haben jetzt eine Basisversion für eine Webseite erstellt und müssen nun entscheiden, welche weiteren Bereiche Sie brauchen:

- ✓ Erstellen Sie nun weitere Textbeiträge zu Informationen, die Sie auf der Webpräsenz anbieten wollen. Erzeugen Sie neue Webseiten, indem Sie neue Menüpunkte anlegen, die entweder die einzelnen Artikel, eine Kategorien-Liste oder einen Kategorie-Blog anzeigen.
- ✓ Installieren Sie ggf. die Komponente AcyMailing Starter, um einen Newsletter anzubieten. Damit Nutzer sich dafür anmelden können, veröffentlichen Sie ein Modul "Acymailing Module" auf Ihrer Webseite. Konfigurieren Sie die Komponente entsprechen.
- ✓ Installieren Sie ggf. die Komponente JEvents, um einen Terminkalender anzubieten.
- ✓ Installieren Sie ggf., die Komponente PhocaGallery, um eine Bildergalerie anzeigen zu können.
- ✓ Installieren Sie ggf. die Komponente PhocaGuestbook, um ein Gästebuch anzubieten

- ✓ Installieren Sie entweder EFSEO oder RSSEO, um die Suchmaschinenoptimierung von Anfang an fest im Blick zu haben. Achten Sie in diesem Zusammenhang darauf, dass die "title" aller Ihrer Webseiten optimiert sind.
- ✓ Melden Sie die Webseite bei Google Analytics an, ggf. auch bei den Go
- ✓ und sammeln Links. Zeigen Sie diese im Frontend durch Anlegen von entsprechenden neuen Webseiten.
- ✓ Eröffnen Sie einen Blog auf Ihrer Webseite mit einem Menüpunkt "Kategorie-Blog" und schreiben Sie dort 1x mindestens alle 2 Wochen einen interessanten Beitrag über das Thema Ihrer Webseite.
- ✓ Legen Sie ein Kontaktformular an, damit Nutzer Ihnen eine Nachricht schicken können. Tun Sie das ggf. mit der Joomla-Funktion zur Anzeige eines einzelnen Kontaktes (durch Anlage eines Menüpunktes "Einzelner Kontakt").
- ✓ Durchforsten Sie www.extensions.joomla.org nach weiteren, nützlichen Komponenten, Modulen und Plugins für Ihre Webseite.

FERTIG!